AF358935

MINISTÈRE DU COMMERCE, DE L'INDUSTRIE

ET DES COLONIES

EXPOSITION UNIVERSELLE INTERNATIONALE DE 1889
À PARIS

RAPPORTS DU JURY INTERNATIONAL

PUBLIÉS SOUS LA DIRECTION

DE

M. ALFRED PICARD

INSPECTEUR GÉNÉRAL DES PONTS ET CHAUSSÉES, PRÉSIDENT DE SECTION AU CONSEIL D'ÉTAT

RAPPORTEUR GÉNÉRAL

CLASSE 82. — **Graines et plantes d'essences forestières**

RAPPORT DE M. RIVET

INSPECTEUR DES FORÊTS

PROFESSEUR À L'INSTITUT NATIONAL AGRONOMIQUE

PARIS

IMPRIMERIE NATIONALE

M DCCC XCII

CLASSE 82

Graines et plantes d'essences forestières

RAPPORT DE M. RIVET

MINISTÈRE DU COMMERCE, DE L'INDUSTRIE
ET DES COLONIES

EXPOSITION UNIVERSELLE INTERNATIONALE DE 1889
À PARIS

RAPPORTS DU JURY INTERNATIONAL

PUBLIÉS SOUS LA DIRECTION

DE

M. ALFRED PICARD

INSPECTEUR GÉNÉRAL DES PONTS ET CHAUSSÉES, PRÉSIDENT DE SECTION AU CONSEIL D'ÉTAT
RAPPORTEUR GÉNÉRAL

CLASSE 82. — **Graines et plantes d'essences forestières**

RAPPORT DE M. RIVET

INSPECTEUR DES FORÊTS
PROFESSEUR À L'INSTITUT NATIONAL AGRONOMIQUE

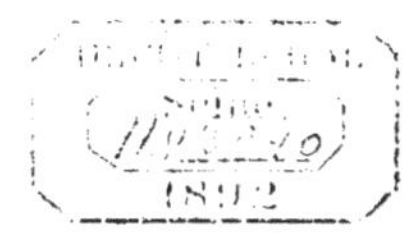

PARIS

IMPRIMERIE NATIONALE

M DCCC XCII

COMPOSITION DU JURY.

MM. Le **Paute**, *Président*, inspecteur général des promenades de la ville de Paris, membre
du jury des récompenses à l'Exposition de Paris en 1878 . . . .   France.

Demontzey, *Vice-Président*, inspecteur général des forêts . . . .   France.

Rivet, *Secrétaire-Rapporteur*, inspecteur des forêts, professeur à l'Institut national
agronomique . . . .   France.

Zurlinden, *suppléant*, inspecteur des forêts . . . .   France.

Charguéraud. *associé*, professeur d'arboriculture de la ville de Paris . . . .   France.

GRAINES

ET PLANTES D'ESSENCES FORESTIÈRES.

APERÇU D'ENSEMBLE. — FAITS GÉNÉRAUX.

§ 1. Objet de la classe 82. — Classe correspondante de l'Exposition universelle de 1878.

La classe 82, que l'on pourrait appeler *la classe des produits vivants des forêts*, par opposition à la classe 42, relative aux produits des exploitations forestières, est en réalité *la classe des modes de repeuplement des forêts*, puisque les deux grandes sections qu'elle comprend, — les graines et les plants, — se rapportent aux deux modes les plus usités de repeuplement artificiel : les semis et les plantations.

Cette classe correspond à la classe 89 de l'Exposition universelle de 1878 qui avait déjà pour titre : *Graines et plantes d'essences forestières*. Comme celle-ci, elle embrasse les graines potagères et les graines horticoles qui n'ont pas trouvé place dans les autres classes du groupe de l'Horticulture, et, comme celle-ci encore, elle comprend les plantes ligneuses destinées à l'alignement des voies publiques (routes, avenues, boulevards, etc.)

De plus, elle embrasse les plantes ligneuses propres à l'ornementation des parcs, squares et jardins; les plans en relief ou dessins de forêts et parcs, ainsi que les procédés pratiques et économiques pour la destruction des insectes et des parasites végétaux, qui n'avaient pas figuré, ou qui appartenaient à d'autres branches de l'Horticulture, en 1878.

§ 2. Emplacement.

Il importait d'exposer les principaux produits dans des conditions tout à fait différentes : les graines dans un local couvert, les plants d'essences forestières à l'air libre.

Il importait également de faire figurer les uns et les autres dans le voisinage du Pavillon de l'administration des Forêts dont certains produits devaient être examinés par le jury de la classe et dont les autres présentaient avec ceux-ci une corrélation évidente.

C'est ce qu'ont parfaitement compris le Comité d'installation et la Direction générale de l'exploitation en élevant dans le jardin du Trocadéro, à proximité du Pavillon des Forêts, une vaste tente pour les graines de l'industrie privée et en consacrant aux diverses plantes ligneuses la plupart des massifs qui entouraient le Pavillon des Forêts et qui purent ainsi contribuer à son ornementation. Cette installation, bien supérieure à celle de 1878, au Champ de Mars, où les plantes forestières proprement dites, noyées, pour ainsi dire, au milieu des plantes purement ornementales, ne pouvaient attirer les regards des visiteurs, eut donc encore le mérite d'offrir un champ sérieux d'études par la réunion de tous les produits du même ordre sur une surface relativement restreinte.

§ 3. IMPORTANCE DES PRODUITS EXPOSÉS.

NOMBRE DES EXPOSANTS EN 1878 ET EN 1889. — COMPARAISON DES PRODUITS.

Comme on a pu déjà s'en rendre compte, l'importance de la classe en 1889 n'est pas à comparer à celle de 1878.

En 1889, 33 exposants ont été admis à concourir, savoir :

DÉSIGNATION.	FRANÇAIS.	ÉTRANGERS.	TOTAUX.
Pour les graines............................	6 [1]	7 [2]	13
Pour les plantes forestières...................	11	1	12
Pour les autres produits.....................	8 [1]	//	8
	25	8	33

[1] Dans ce chiffre figure la Direction des Forêts.
[2] Dans ce chiffre figurent le Gouvernement de l'Algérie et la Direction des Forêts de Tunisie.

alors qu'en 1878, la classe correspondante n'avait réuni que 23 exposants, à décomposer ainsi par nationalité et par nature de produits :

DÉSIGNATION.	FRANÇAIS.	ÉTRANGERS.	TOTAUX.
Pour les graines.......................	3 [1]	10	13
Pour les plantes forestières..................	9 [1]	1	10
	12	11	23

[1] Dans ce chiffre figurait la Direction des Forêts.

Ajoutons, en ce qui concerne les graines, qu'en 1878, la Direction des Forêts (France), l'Algérie, l'Italie et la Sicile avaient seules présenté des produits forestiers, tandis qu'en 1889 tous les exposants de graines, sans exception, ont fait la plus large part aux graines des plantes ligneuses.

En somme : plus d'exposants en 1889, plus de produits exposés, produits plus intéressants au point de vue forestier proprement dit, généralement plus beaux et plus variés, bien qu'encore incomplets.

Expliquons-nous à cet égard.

Graines. — Malgré l'insuffisance des graines d'essences feuillues à feuilles persistantes, peu ou point représentées dans les diverses collections, malgré l'absence des renseignements qui intéressent particulièrement l'acheteur, nous pouvons dire que jamais plus beaux lots de graines de toutes espèces n'ont été présentés au public. Les diverses collections françaises comprenaient d'ailleurs, indépendamment des essences indigènes, les essences exotiques successivement introduites en France et naturalisées aujourd'hui à des degrés bien différents.

L'insuffisance des graines d'essences feuillues à feuilles persistantes ne se justifie d'aucune façon ; quant à l'absence des renseignements qui intéressent particulièrement l'acheteur, — absence déjà constatée en 1878, — elle est moins compréhensible encore. Les graines ont été toutes disposées et présentées au public avec un ordre et un art que nous nous plaisons à reconnaître, mais la forme élégante et commode des sacs ou des bocaux ne satisfait pas entièrement l'amateur, pour lequel le nom de la graine, sa couleur, sa grosseur et sa forme sont insuffisants. Pour que cette graine offre quelque attrait, pour qu'il puisse en tirer quelque enseignement, il lui faut une idée de la plante correspondante et, à défaut d'un catalogue suffisamment détaillé, l'image de la plante, c'est-à-dire le produit de la graine dans les milieux favorables. L'Administration des Forêts était entrée dans cette voie en 1878, en donnant à ses flacons de graines forestières une hauteur proportionnelle à celle des arbres qui les avaient produites, de telle sorte, qu'à la vue seule de ces flacons, on savait si la graine appartenait à des arbres de première ou de deuxième grandeur, à des arbustes, à des arbrisseaux ou à des sous-arbrisseaux. C'était une innovation qu'il eût été bon de voir introduire dans les collections. Un Anglais avait fait mieux encore pour les graines agricoles, il avait joint à ses graines les modèles moulés de leurs produits. Les formes, les coloris laissaient à désirer, mais les dimensions étaient exactes et c'était déjà beaucoup. Son exemple n'a malheureusement pas été suivi dans notre classe en 1889, et, cependant, la photographie pouvait avantageusement remplacer les grossiers spécimens de 1878.

Plantes forestières. — Parmi les plantes forestières, nous n'avons trouvé que bien peu d'arbustes, arbrisseaux et sous-arbrisseaux pouvant servir au maintien des terres sur les pentes abruptes ou à couvrir temporairement les terrains dénudés ; pourtant, ces végétaux de petite taille ou buissonnants ont une importance qu'on ne peut méconnaître dans les reboisements en montagne. Les plants de pépinière de basses et moyennes tiges, de même que les arbres faits ou sujets adultes étaient eux-mêmes très peu représentés, et personne n'ignore que ce sont les basses et moyennes tiges, les basses tiges surtout, qui sont le plus communément employées dans les plantations de toutes sortes. Enfin, nous avons constaté, pour la plupart des plantes ligneuses, comme pour les graines, l'absence des renseignements les plus utiles aux acheteurs; c'est encore une lacune regrettable en ce sens qu'il importe avant tout de connaître les milieux favorables au développement normal des sujets présentés, notamment le sol et le climat. Quelques-uns offrent même des avantages spéciaux au point de vue du boisement des sols pauvres ou au point de vue des repeuplements aux expositions chaudes : une notice de cinq lignes au pied de chaque sujet pouvait renseigner à cet égard, à défaut du catalogue détaillé que chaque exposant devait tenir à la disposition des amateurs.

Sous ces réserves, nous pouvons déclarer que les lots et les collections de plantes ligneuses ont été bien compris, que les plants de pépinières, eu égard à leur situation, étaient de bonne qualité, que les arbres-tiges étaient presque tous d'une belle venue et d'une reprise assurée, enfin que les sujets nouveaux de toutes dimensions, dont plusieurs rendent déjà ou sont appelés à rendre de grands services, avaient été choisis pour la plupart avec un discernement digne d'éloges.

PROGRÈS RÉALISÉS DEPUIS L'EXPOSITION DE 1878.

Bien que les grainiers n'accusent aucun progrès depuis 1878 dans l'industrie de la préparation des graines, le consommateur peut se procurer en 1889 des graines dont l'emploi (quantité de graines à l'unité de surface, milieux favorables, etc.) est mieux connu et présente conséquemment moins d'aléa qu'en 1878.

En ce qui concerne spécialement les graines résineuses que l'Administration des Forêts demande au commerce, ces graines sont de bien meilleure qualité depuis qu'elles sont soumises à des essais réglementaires au domaine des Barres; mais ces essais datent de 1873, et c'est en réalité à cette époque qu'il faut faire remonter le progrès accompli.

Quant aux prix des graines, ils n'ont augmenté pour aucune d'elles et sont même moins élevés qu'en 1878 pour un certain nombre d'essences. La baisse résulte de la concurrence des commerçants et surtout de la plus grande facilité qu'ils rencontrent dans leurs approvisionnements.

D'autre part, l'essor donné aux plantations de toutes sortes, depuis 1876, et surtout depuis 1881, à la suite du fameux hiver de 1879-1880, qui avait fait disparaître tant d'arbres isolés et tant de massifs, — essor résultant aussi de la crise agricole, à son maximum en 1881. — essor dont ont profité tous les pépiniéristes sans exception, — cet essor. disons-nous, a fait naître des améliorations sensibles dans l'industrie de la préparation des plants.

A signaler, notamment, les nombreux repiquages ou transplantations qui favorisent le développement du chevelu des racines et assurent la reprise des sujets.

A signaler encore, pour les végétaux d'ornement en particulier, les procédés plus rapides et plus sûrs de multiplication, notamment les greffages spéciaux qui permettent aux pépiniéristes ou aux horticulteurs de livrer en quelques mois un grand nombre de sujets de l'espèce ou de la variété récemment obtenue ou introduite.

À signaler enfin les efforts de nos exposants de plantes forestières pour se procurer des espèces nouvelles, pour s'enquérir des conditions de végétation et de la qualité des produits dans les pays d'origine, pour les propager et en tenter la naturalisation dans les milieux qui paraissent le mieux leur convenir.

Les prix courants des espèces indigènes restent les mêmes qu'en 1878, mais, à raison de la meilleure qualité des plants, ces prix sont plus avantageux aujourd'hui.

RÉCOMPENSES PROPOSÉES À LA SUITE DES DIFFÉRENTS CONCOURS.

L'exposition permanente de l'Horticulture a été complétée par une série de concours partiels qui ont donné lieu aux propositions suivantes du jury de la classe 82 :

Arbres d'essences feuillues employées au repeuplement des forêts sous divers climats. — La plus belle collection d'espèces et variétés.

> MM. DEFRESNE (1ᵉʳ prix). — BRUNEAU et JOST (2ᵉ prix). — MÉRESSE (Belgique) [Mention honorable].

Arbres d'essences résineuses utilisées pour le repeuplement des forêts sous divers climats. — La plus belle collection d'espèces et variétés.

> M. HAMON (1ᵉʳ prix).

Arbres nouveaux. — Les plus beaux plants d'essences forestières mis dans le commerce depuis 1878.

> MM. FOUQUET, HAMON (1ᵉʳ prix, *ex æquo*). — AUSSEUR-SERTIER (3ᵉ prix).

Belle culture. — Les plus beaux sujets d'essences forestières.

> MM. DEFRESNE (1ᵉʳ prix). — CROUX (3ᵉ prix).

Plants de pépinières. — La plus belle collection d'espèces et de variétés.

> MM. PAILLET (1ᵉʳ prix). — MÉRESSE (Belgique) [Mention honorable].

Le plus beau lot de 25 variétés parmi les plus répandues.

> M. LEVAVASSEUR (1ᵉʳ prix).

Arbres-tiges d'ornement. — Le plus beau lot de 50 espèces ou variétés.

> MM. DEFRESNE (1ᵉʳ prix). — CROUX (2ᵉ prix). — PAILLET (3ᵉ prix). — AUSSEUR-SERTIER (Mention honorable).

Arbres-tiges d'alignement. — Le plus beau lot de 50 espèces ou variétés.

> MM. CROUX (1ᵉʳ prix). — DEFRESNE (2ᵉ prix). — BRUNEAU et JOST, AUSSEUR-SERTIER (3ᵉ prix, *ex æquo*). — ROBERT-ROZAY (Mention honorable).

IMPRIMERIE NATIONALE.

Arbres nouveaux. — Les plus beaux plants mis dans le commerce depuis 1878.

MM. Paillet (2ᵉ prix). — Mabille (Mention honorable).

Belle culture. — Les plus beaux sujets d'essences forestières.

MM. Defresne, Croux (1ᵉʳ prix, *ex æquo*).

GRAINES ET PLANTES D'ESSENCES FORESTIÈRES EXPOSÉES COLLECTIVEMENT PAR LES ADMINISTRATIONS, COMMUNES ET SOCIÉTÉS.

GRAINES.

Direction des forêts au Ministère de l'agriculture (Grand prix).

Collaborateurs.

M. Gouët, conservateur des forêts, directeur de l'école et du domaine des Barres (France) [1ᵉʳ prix].

MM. Pierret, inspecteur adjoint des forêts, attaché à l'école des Barres. — Thil, inspecteur adjoint des forêts, à Paris (2ᵉ prix, *ex æquo*).

Gouvernement d'Algérie (1ᵉʳ prix).

Collaborateurs.

M. Combe, conservateur des forêts à Alger (Algérie). — Administration du Hamma d'Alger (Jardin d'essai). *Compagnie algérienne* (1ᵉʳ prix).

M. Eby, sous-chef de bureau au Gouvernement général de l'Algérie (3ᵉ prix).

Direction des forêts de Tunisie (2ᵉ prix).

Collaborateurs.

M. Zurlinden, inspecteur des forêts, membre suppléant du jury de la classe 82 (Hors concours).

MM. Blanc, inspecteur adjoint des forêts à la disposition du Gouvernement tunisien (Tunisie). — Tellier, garde général des forêts à la disposition du Gouvernement tunisien (3ᵉ prix, *ex æquo*).

PLANTES D'ESSENCES FORESTIÈRES.

Société d'horticulture des Deux-Sèvres (Mention honorable).

GRAINES FORESTIÈRES.

La plus belle collection d'espèces ou de variétés de toutes essences.

MM. Lecaron, Vilmorin (1ᵉʳ prix, *ex æquo*).

Le plus beau lot de résineux en cônes.

MM. Forgeot (1ᵉʳ prix). — Delahaye (2ᵉ prix).

Le plus beau lot de résineux en graines nettes.

MM. Forgeot, Lecaron (2ᵉ prix, *ex æquo*).

MM. Fernow, chef de la division des forêts au Département de l'agriculture, à Washington (États-Unis), Schildt et Hallberg, à Helsingfors (Finlande), Nerdrum (G.), à Romeda. (Norvège); Paykull (G.-V.), à Valloxsäby-Knifsta (Suède), Deschletta et Cᶦᵉ, à Klangoustalt (Suisse) [Mention honorable].

La plus belle collection d'espèces et de variétés d'essences feuillues à feuilles caduques et à feuilles persistantes.

MM. Dupanloup, Vilmorin, Fernow, à Washington (États-Unis) [2ᵉ prix, *ex æquo*].

PLANS EN RELIEF ET DESSINS DE FORÊTS ET DE PARCS.

PLANS EN RELIEF.

Direction des forêts au Ministère de l'Agriculture (Grand prix).

MM. Chapelain, conservateur des forêts à Gap; de Gorsse, inspecteur des forêts à Bagnères-de-Luchon; Loze, inspecteur des forêts à Tarbes, Perrot, garde général des forêts à Embrun (Mention honorable, *ex æquo*).

DESSINS.

M. Daubrée (René), inspecteur des forêts, à Paris (1ᵉʳ prix).

PROCÉDÉS PRATIQUES POUR LA DESTRUCTION DES INSECTES ET DES PARASITES VÉGÉTAUX NUISIBLES AUX PLANTATIONS FORESTIÈRES OU AUX ARBRES D'ALIGNEMENT.

MM. Croizette-Desnoyers, inspecteur adjoint des forêts, à Fontainebleau (3ᵉ prix). — Bouillane, brigadier forestier à Menglon (Drôme) [Mention honorable.]

Les propositions de prix et mentions qui précèdent ont été transformées par le jury de groupe, puis par le jury supérieur, en grand prix, médailles et mentions conformément aux indications qui suivent :

GRAND PRIX.

Administration des forêts. — France.

MÉDAILLES D'OR.

Croux et fils. — France.	Hamon (Julien). — France.
Defresne (Honoré). — France.	Vilmorin-Andrieux et Cᶦᵉ. — France.

MÉDAILLES D'ARGENT.

Daubrée (René). — France.	Gouvernement général de l'Algérie. — Algérie.
Direction des forêts de la Régence de Tunis. — Tunisie.	Lecaron (A.). — France.
Forgeot et Cᶦᵉ. — France.	Levavasseur et fils. — France.
Fouquet (Charles). — France.	

MÉDAILLES DE BRONZE.

AUSSEUR-SERTIER (Léon). — France.
BRUNEAU et JOST. — France.
COMPAGNIE ALGÉRIENNE. — Algérie.
CROIZETTE-DESNOYERS. — France.
DELAHAYE (Ernest). — France.

DUPANLOUP et Cie. — France.
FERNOW, chef de la division des forêts. — États-Unis.
PAILLET (Louis). — France.

MENTIONS HONORABLES.

BOUILLANE. — France.
CHAPELAIN. — France.
DOSCHLETTA et Cie. — Suisse.
DE GORSSE. — France.
LOZE. — France.
MABILLE. — France.
MÉRESSE. — Belgique.

NERDRUM. — Norvège.
PAYKULL. — Suède.
PERROT. — France.
ROBERT-ROZAY. — France.
SCHILDT et HALLBERG. — Finlande.
SOCIÉTÉ D'HORTICULTURE DES DEUX-SÈVRES. — France.

COLLABORATEURS.

MÉDAILLE D'OR.

GOUËT, de l'Administration des forêts. — France.

MÉDAILLES D'ARGENT.

LEFEBVRE, de la Direction des forêts. — Tunisie.
PIERRET, de l'Administration des forêts. — France.

THIL, de l'Administration des forêts. — France.

MÉDAILLE DE BRONZE.

ÉRY, du Gouvernement général de l'Algérie. — Algérie.

MENTIONS HONORABLES.

BLANC, de la Direction des forêts. — Tunisie.

TELLIER, de la Direction des forêts. — Tunisie.

Quant aux graines potagères et aux graines horticoles, dont l'examen n'a eu lieu qu'après l'achèvement des concours, elles n'ont été l'objet d'aucune proposition de prix; les récompenses définitives qui les concernent ont été arrêtées ainsi qu'il suit :

Médaille d'or. — MM. FORGEOT et VILMORIN.

Médailles d'argent. — MM. DELAHAYE, DUPANLOUP et LECABON.

INDICATION DES PRINCIPAUX PRODUITS PRÉSENTÉS PAR LES LAURÉATS.

Nous aurions voulu dresser la liste des produits les plus utiles exposés par les lauréats, et nous avions, à cet effet, réclamé à chacun des intéressés une notice détaillée sur ses produits, mais plusieurs d'entre eux n'ayant pas répondu à notre appel, nous

nous trouvons dans l'obligation de ne fournir, en ce qui les concerne, que des indications trop générales ou incomplètes.

M. *Honoré* DEFRESNE, *pépiniériste* à Vitry (Seine).

Collection bien comprise d'essences feuillues employées au repeuplement des forêts. Très beaux et très nombreux sujets d'essences forestières. Arbres-tiges d'ornement, notamment arbres pleureurs de toute beauté : sorbiers, hêtres à feuilles pourpres, épines, sophoras, tilleuls argentés, etc.

Au nombre des arbres-tiges d'alignement figuraient des *abies excelsa* et des *abies Douglasii* d'une vigueur et d'une forme remarquables, dont M. Dufresne voudrait voir généraliser l'emploi. Il désirerait notamment leur introduction sur les boulevards de Paris, à cause de l'aspect original qu'ils offriraient en hiver, notamment en temps de neige. Bien que cette proposition nous semble devoir soulever les plus sérieuses objections, nous avons cru devoir la transmettre à qui de droit.

Enfin, M. Defresne a contribué directement à l'ornementation du Pavillon des Forêts par la plantation de plantes grimpantes du plus bel effet aux angles du Pavillon et de résineux de grande taille devant la façade principale, notamment l'*abies Nordmanniana*, le *cedrus Atlantica*, le *cedrus glauca*, l'*araucaria imbricata* et le *sciadopitys verticillata*. Par la valeur de cette exhibition spéciale, M. Defresne a certainement mérité un diplôme de collaborateur à l'exposition de l'Administration des Forêts.

MM. BRUNEAU *et* JOST, *horticulteurs-pépiniéristes*, à Bourg-la-Reine (Seine).

C'est surtout dans les classes 79 et 81, et principalement dans cette dernière, où elle figure d'ailleurs au premier rang (grand prix), que la maison Bruneau et Jost a concentré tous ses efforts.

Néanmoins, sa collection forestière est assez complète, et il y a lieu de citer, parmi les arbres d'essences feuillues employées au repeuplement des forêts, le bouleau, l'aune, le cerisier, l'érable, le châtaignier, le tilleul, le charme, l'orme et le frêne, en bon état de végétation et, parmi les arbres-tiges d'alignement, l'*æsculus hippocastanum* et l'*æsculus rubicunda*, le *platanus occidentalis*, le *paulownia imperialis* et le *juglans nigra*, d'un aspect assez satisfaisant.

MM. MÉRESSE *frères*, *pépiniéristes*, à Lesdain (Belgique).

Emplacement défectueux, en partie couvert par les arbres du Trocadéro, pour une assez belle collection d'espèces et de variétés d'essences feuillues comprenant trente-deux sujets, dont les mieux venants sont le *quercus robur*, le *quercus rubra*, le *fagus sylvatica*, l'*ulmus latifolia*, la *castanea vesca* et le *sorbus aucuparia*. En bordure, plants de basse tige, à raison de dix par variété, de bonne qualité, eu égard aux conditions défavorables de la végétation. Nous distinguons quatorze espèces, dont l'*alnus glutinosa*, l'*alnus incana*, le *betula alba*, le *carpinus betula*, le *quercus robur*, le *quercus rubra*, le *fraxinus excelsior*, l'*acer pseudo-platanus* et le *cratœgus oxyacantha*.

M. HAMON, *chef de culture de M. Foucher de Careil*, à Dives-sur-Mer (Calvados).

Très beau massif de 108 sujets d'essences résineuses utilisées pour les boisements et reboisements sous divers climats, parmi lesquels on trouve un grand nombre de sujets nouveaux dont les plus remarquables sont les *abies bracteata*, *Cephalonica*, *concolor*, *Lasiocarpa*, *nobilis*, *spectabilis* et *Nordmanniana*, les *picea commutata*, *orientalis* et *tsuga Canadensis*, l'*araucaria imbricata*, *mascula*, le *cedrus deodora argentea*, le *cupressus macrocarpa* et le *sequoia gigantea pendula*.

Cette exposition présente un attrait tout particulier à raison des boisements bien connus de falaises argileuses dénudées (argiles oxfordiennes) exécutés par M. Hamou, sous la direction de M. Foucher de Careil, depuis 1863, au moyen de résineux de diverses essences et avec un succès qui fait l'étonnement de tout le pays. Le peu de fixité du terrain, sa nature et le voisinage immédiat de la mer, sont autant de difficultés vaincues; mais si presque toutes les essences employées à cet usage ont poussé avec une vigueur extraordinaire, nous devons signaler au premier rang le *pin noir d'Autriche*, dont l'air de la mer semble activer la croissance et qui fixe admirablement bien les terres par ses racines longues et traçantes. C'est donc l'essence qui convient le mieux au boisement des falaises dont il s'agit, sans compter que, par sa cime ample et touffue, elle constitue le meilleur brise-vent que l'on puisse rêver pour l'éducation des plantes ornementales à son abri.

M. FOUQUET, *fabricant de sucre et pépiniériste*, à Sinceny (Aisne).

Peuplier régénéré ou variété du peuplier de Virginie.

Le peuplier régénéré présenté par M. Fouquet est assez connu aujourd'hui (M. Fouquet l'expose chaque année au Concours général agricole de Paris) pour nous dispenser de longs développements à son sujet. Nous dirons simplement, d'après M. Fouquet lui-même, le but qu'il a poursuivi en établissant à Sinceny des pépinières exclusivement affectées à l'éducation du peuplier régénéré et d'une superficie totale de 20 hectares. «C'est en mars 1882 que j'ai organisé ma première pépinière avec des plants du pays d'origine, c'est à dire du sud du département de l'Aisne, et voici ce qui m'en avait donné l'idée. Il y a vingt ans, alors que les fabricants de sucre n'avaient jamais assez de betteraves à leur gré, on a défriché beaucoup de terrains marécageux pour en cultiver. Mais ces terres ne donnaient que des betteraves de qualité inférieure au point de vue de la richesse saccharine, et lorsque la nouvelle loi sur les sucres obligea les fabricants à ne *travailler* que la betterave riche, ces terres défrichées restèrent sans emploi. C'est alors que j'eus l'idée de cultiver le peuplier régénéré pour l'offrir aux propriétaires, qui purent ainsi utiliser quand même les terrains bas et humides, impropres à la culture des céréales comme des betteraves, et dont ils ne savaient plus que faire. C'est, en effet, une opération très lucrative que la plantation du peuplier régénéré, qui ne demande pas d'entretien, pousse très vite et permet d'obtenir un rendement élevé dans des terres qui, sans lui, resteraient presque improductives....

«Mes 20 hectares de pépinières me donnent, avec 1 mètre d'écartement, 200,000 plants. Les conservant jusqu'à l'âge de 4 ans, je puis en livrer au commerce 60,000 par an.»

L'exposition de M. Fouquet consistait en boutures et plants de 1 à 4 ans, à raison de dix sujets de chaque âge.

TAILLE.	UN AN.	DEUX ANS.	TROIS ANS.	QUATRE ANS.
Hauteur.	1^m,70	3^m,50 à 4^m	4^m,50 à 5^m	7^m à 8^m
Pourtour.	"	0^m,11	0^m,17	0^m,21

La grosseur en était donc bien proportionnée à la hauteur. (Voir la notice de M. Fouquet.)

M. AUSSEUR-SERTIER, *horticulteur*, à Lieusaint (Seine-et-Marne).

Exposition assez importante de 100 arbres représentant 83 variétés. Essences d'alignement, essences d'ornement et sujets d'introduction récente.

A signaler particulièrement, pour leur beauté, leur port ou leur belle végétation, 2 acacias de Besson, 1 acacia monophylle, 1 érable à feuilles panachées, 2 vernis du Japon, 1 aune à feuilles en cœur, 2 tulipiers de Virginie, 1 paulownia impérial et 1 chêne rouge d'Amérique. Nous ferons remarquer en passant que l'aune à feuilles en cœur (*alnus cordifolia*) est à la fois un arbre d'alignement et un arbre d'ornement.

MM. CROUX et FILS, au Val-d'Aulnay (Seine).

Exposition remarquable d'arbres-tiges d'ornement et surtout d'arbres-tiges d'alignement.

Parmi les belles espèces et variétés d'ornement présentées par la maison Croux, nous appelons spécialement l'attention du lecteur sur l'*acer Vierii laciniatum*, l'*acer globosum* et l'*acer platanoïdes Schwedleri*, l'*æsculus hippocastanum floreis purpureis*, le *catalpa speciosa*, le *fagus atropurpurea Brocklesby* et le *juglans ailantifolia*.

Quant aux arbres d'alignement, ils comprenaient toutes les espèces et variétés nouvelles intéressantes à divers titres, notamment le *cedrela sinensis*, qui est en même temps un arbre d'ornement et dont la rusticité paraît indiscutable, l'*acer platanoïdes purpurea* de *Reichembach*, à recommander pour les terres siliceuses, et l'*æsculus hippocastanum flore pleno*, à préférer dans les villes (ces deux arbres étaient connus avant 1878, mais c'est surtout depuis cette époque qu'ils ont été propagés), l'*ulmus Clemmerii*, introduit par la maison Croux il y a quinze ans, le plus recommandable des ormes à petites feuilles à cause de son port et surtout à cause de son écorce mince et lisse qui la met à l'abri des insectes; le *pterocarya Caucasica*, grand et bel arbre au feuillage vert luisant persistant jusqu'aux gelées mais dont l'essai comme arbre d'alignement est encore trop récent pour permettre de le bien juger.

M. L. PAILLET, à Chatenay (Seine).

Exposition de 125 espèces ou variétés de plants de pépinières et de 120 arbres-tiges de diverses essences (forestières ou d'ornement) dont 40 espèces ou variétés remarquables de chênes à feuilles caduques et à feuilles persistantes.

C'est M. Paillet qui a présenté la plus belle collection d'espèces et de variétés feuillues et résineuses comme plants de pépinière (hautes, moyennes et basses tiges). Il arrive au troisième rang pour les arbres d'ornement, mais il est encore au premier pour les arbres nouveaux en général, c'est-à-dire pour les plus beaux plants mis dans le commerce depuis 1878. Malheureusement, dans le concours de ces arbres nouveaux, la plus haute récompense proposée par le Jury n'a été qu'un second prix. C'est par un premier prix que nous aurions voulu voir récompenser les efforts qu'a faits M. Paillet pour propager des essences nouvelles qui sont appelées à nous rendre de grands services.

MM. LEVAVASSEUR et FILS, *horticulteurs*, à Ussy (Calvados).

Plants de pépinières. Lot de 25 variétés parmi les plus répandues.

C'est M. Levavasseur qui a présenté le plus beau lot de 25 variétés en plants de basses tiges. Malgré la situation peu favorable de l'emplacement, les jeunes sujets étaient presque tous d'une belle venue. Ils avaient d'ailleurs été choisis avec un discernement auquel nous nous plaisons à rendre hommage.

M. ROBERT-ROZAY, *pépiniériste*, à Sens.

Peupliers divers de belle végétation.
(M. Robert-Rozay ne nous a fourni aucune indication sur ses produits).

M. Mabille, hydrographe, à Limoges.

Exhibition intéressante de quelques *abies excelsa elegans pendula* (sujets greffés).

Cette variété de l'abies excelsa n'est pas autre chose qu'un épicéa pleureur aux branches tordues, aux feuilles très fines, au port élégant ou bizarre, variété découverte au milieu des semis naturels de l'abies excelsa. Arbre d'ornement assez curieux, mais déjà connu.

Société d'horticulture des Deux-Sèvres.

Cette Société, dont le but spécial est de faire connaître les spécimens des produits de pépinière de la région, n'a exposé que 55 sujets d'espèces ligneuses de reboisement, d'ornement et d'alignement. Leur végétation était médiocre, mais il faut dire que l'emplacement était peu favorable. A signaler toutefois, parmi les espèces et variétés intéressantes à divers points de vue : le *quercus rubra*, le *quercus pyramidalis*, le *tilia argentea*, l'*ulmus pendula*, le *juglans nigra*, le *fagus purpurea*, les *cerasus avium*, *pendula* et *mahaleb*, et les *acer pseudo-platanus*, *platanoïdes* et *Pensylvanicum*.

Graines de la Direction des Forêts (France).

Collection scientifique: classification parfaite : MM. Gouët, Pierret et Thil, collaborateurs.

Nous dirons ailleurs ce que nous pensons de l'installation aux Barres de la station d'essai des graines forestières sous l'habile direction de M. Gouët. Signalons simplement dans l'exposition des graines de l'administration des Forêts les tracés graphiques de MM. Gouët et Pierret relatifs aux décroissances annuelles et mensuelles dans les taux de germination des graines des diverses essences résineuses pour la période de 1873 à 1889. Rien de plus intéressant, de plus instructif et de plus utile tout à la fois.

Algérie.

Magnifique collection de graines d'Algérie, réunie par M. Combe, conservateur des forêts, à Alger [1].

Remarquable et complète collection des graines du Hamma d'Alger (jardin d'essai).

Tunisie.

Collection (la plus complète qui ait été réunie en France jusqu'à ce jour) de toutes les variétés de graines de palmier-dattier des oasis de la Tunisie.

MM. Lefebvre, Zurlinden, Blanc et Tellier, collaborateurs.

[1]. On lira avec le plus vif intérêt les trois brochures publiées en 1889 par M. Combe : 1° *Catalogue des collections de bois exhibées à l'Exposition universelle*; 2° *Les Forêts de l'Algérie*; 3° *Région du chêne-liège en Europe et dans l'Afrique septentrionale*.

FRANCE. — INDUSTRIE PRIVÉE.

MM. Lecaron et Delahaye n'ont pas répondu à notre appel. M. Dupanloup nous a simplement affirmé que, dans son exposition, figuraient toutes les graines qui sont indiquées aux pages 50 à 54 de son catalogue général pour 1888-1889. Quant à M. Forgeot, dont l'exposition était la plus vaste et la plus importante par le nombre et la variété des produits, il nous a fourni l'énumération suivante :

1° Collection de toutes les graminées entrant dans la composition des pelouses ou gazons rustiques;

2° Collection des lawn-grass ou gazons composés de manière à être parfaitement appropriés, suivant les cas, à toutes les natures de terrain qui peuvent se présenter;

3° Collection complète de toutes les graines potagères vendues par la maison Forgeot;

4° Collection de graines d'arbres à feuilles caduques, à feuilles persistantes et de résineux, comprenant les essences les plus avantageusement utilisées dans les reboisements et les meilleures espèces employées dans l'ornementation des parcs et jardins;

5° Collection de graines de végétaux exotiques choisis surtout parmi les espèces arborescentes utilisables dans l'industrie ou recommandables par leur production alimentaire (la famille des palmiers était largement représentée dans cette catégorie);

6° Collection de toutes les graines de fleurs ou plantes ornementales vendues par la maison Forgeot.

Reste la maison Vilmorin-Andrieux, dont la réputation nous dispense de tous développements en ce qui la concerne. Rappelons toutefois que c'est cette maison qui, la première, a livré au commerce les graines des essences exotiques utiles introduites en France, notamment le *pin laricio de Calabre* et les six variétés de chêne d'Amérique réunies au domaine des Barres par M. de Vilmorin (Pierre-Philippe), avec le concours de son ami, le savant botaniste Ch. Michaux.

MM. de Vilmorin ont exposé leurs graines dans une vitrine dont l'encadrement, ou plutôt la décoration, était formé par les billes d'un superbe *pin laricio de Calabre*, récemment abattu et âgé de 68 ans. Cet arbre mesurait, à 1 mètre du sol, 2 m. 02 de tour, et à 8 mètres sa circonférence était encore de 1 m. 58. Cette belle variété du *laricio* donne des graines fertiles dès l'âge de 18 ou 20 ans et peut encore prospérer dans les sols médiocres. Toutefois, M. de Vilmorin n'en conseille pas l'emploi à l'est de Paris, bien qu'il puisse, à son avis, supporter les hivers de toute la France. Il le recommande pour le Midi et en particulier pour le Sud-Est, où il pourrait rendre de grands services. « C'est, dit-il, un des plus remarquables arbres d'ornement; sa place est dans les grands jardins et surtout dans les parcs paysagers, soit en bordure de larges allées, soit en avant des massifs d'un parc, soit aussi au milieu des essences forestières de deuxième rang et largement espacé, ou bien encore en massif de futaie claire. »

IMPRIMERIE NATIONALE.

Nous en reparlerons plus tard au point de vue spécial des repeuplements forestiers proprement dits.

ÉTRANGER.

M. Fernow. — Belle collection de graines américaines, notamment de chênes, de séquoias, d'aunes et de bouleaux.

MM. Schildt et Hallberg. — Deux échantillons de graines nettes d'épicéa et de pin sylvestre présentant, d'après l'analyse du laboratoire d'agriculture d'Helsingfors, l'épicéa 87 p. 100 et le pin sylvestre 89 p. 100 de semences utiles.

M. G. Nerdrum. — Cônes et graines d'épicéa (graines ailées et graines nettes). Aucune indication.

M. Paykull. — Deux échantillons d'épicéa et de pin sylvestre. Valeur de culture déclarée par le bureau de contrôle de semences de Stockholm : 94 p. 100 pour le pin sylvestre; pouvoir germinatif garanti de 90 p. 100, sans distinction d'essence.

M. Duschletta. — Graines résineuses diverses. Semences de forêts (Grisons). Aucune indication.

PROCÉDÉS DE DESTRUCTION DES INSECTES ET PARASITES VÉGÉTAUX.

M. Croizette-Desnoyers. — Destruction des vers blancs; procédé de destruction par la benzine ayant donné d'excellents résultats à Fontainebleau (voir la notice publiée par cet agent forestier).

M. Bouillane. — Échenilloir perfectionné.

Nous avons regretté l'absence de notices en ce qui concerne l'emploi des solutions cupriques pour la destruction des parasites végétaux. Il eût été bon cependant de faire connaître les procédés employés sur divers points, notamment au domaine des Barres, pour combattre la maladie du *rouge*, qui fait de si grands ravages dans les pépinières. Nous savons qu'aux Barres l'emploi de l'eau céleste, qui remonte à 1885, a donné des résultats absolument satisfaisants : le rouge a totalement disparu des pépinières où il avait, les années précédentes, détruit les jeunes plants par millions.

PLANS EN RELIEF ET DESSINS DE FORÊTS.

Direction des Forêts (France). — Plans en relief, photographies, albums de dessins, croquis cotés, etc. (montagnes à reboiser, reboisements proprement dits, massifs forestiers, forêts d'essences résineuses et forêts d'essences feuillues, etc.).

Ensemble des plus remarquables.

MM. Chapelain, de Gohsse, Loze, René Daubrée et Perrot, exposants.

Tous ceux qui ont visité l'exposition du Pavillon des forêts ont été frappés de la finesse et de la beauté des plans en relief et dessins de forêts : le jury de la classe 8°

n'a donc fait que traduire le sentiment général en proposant un grand prix pour ces œuvres d'art comme pour les graines d'essences forestières.

SITUATION DE NOTRE PAYS AU POINT DE VUE GÉNÉRAL
DE LA CULTURE FORESTIÈRE.

§ 1. Utilité ou nécessité des repeuplements artificiels; leur importance en France: intérêt qui s'attache à leur bonne exécution. Défrichements.

La France, pour un territoire de 53,640,800 hectares, ne compte que 9,258,019 hectares de forêts, et les statistiques forestières nous apprennent que, si son coefficient de boisement, de 17 1/4 p. 100, la place au huitième rang parmi les quinze États de l'Europe (la Russie occupant le premier rang avec 40 p. 100, l'Angleterre et le Danemark les deux derniers avec 4 et 3 1/2 p. 100), elle est loin d'atteindre, malgré ce rang intermédiaire, la moyenne générale du boisement de l'Europe, qui dépasse 29 1/2 p. 100.

D'ailleurs le territoire national comprend encore 7 millions d'hectares de terres incultes, dites *terres vaines* ou *vagues*, jadis presque entièrement boisées, qui ne sont aujourd'hui que landes, pâtis, bruyères ou rocs nus [1]; sans compter que nos forêts elles-mêmes renferment de nombreux vides dont il n'est pas téméraire d'évaluer la superficie à 10 ou 12 p. 100 de leur contenance totale, attendu que les bois soumis au régime forestier, de beaucoup les mieux entretenus et les plus complets (2,985,847 hectares), renferment 230,000 hectares de vides, soit 8 p. 100 de leur étendue. C'est donc une surface de 1 million d'hectares au minimum, à ajouter aux 7 millions d'hectares de terres incultes, dont le reboisement s'impose au même titre.

Ajoutons que des repeuplements artificiels naissent chaque année des mécomptes obtenus dans la régénération naturelle de nos forêts, soit comme quantité, — auquel cas un complément de régénération s'impose, — soit comme qualité, — ce qui nécessite une substitution d'essences; — que les grands accidents météorologiques, comme le verglas de janvier 1879 dans la région parisienne, comme l'hiver de 1879-1880 dans la plus grande partie de la France, donnent lieu parfois à des repeuplements artificiels sur d'immenses surfaces; enfin qu'en présence de la crise agricole dont nous souffrons toujours, les repeuplements artificiels trouvent leur raison d'être dans les mauvaises terres arables, aujourd'hui délaissées, qui ont été arrachées à la forêt à une date plus ou moins éloignée par une agriculture imprévoyante.

[1] Dans ces chiffres, il n'est pas question de l'Algérie, où il y a 3,248,000 hectares de bois et forêts (3/4 dans le Tell, 1/4 sur les hauts plateaux et le versant saharien) pour une surface totale de 70 millions d'hectares soumis à notre domination; taux de boisement bien faible (4 1/2 p. 100) dans une région où la moitié des forêts est à l'état de broussailles, ravagée qu'elle est par les troupeaux et les incendies.

De tous ces repeuplements, les plus urgents sont ceux de nos montagnes, étant donné le rôle de la forêt comme protection contre les vents et les avalanches, étant donnée surtout son influence désormais bien établie sur le régime général des eaux (sources et cours d'eau) et sur leur régime accidentel (inondations et torrents). C'est dire qu'il nous faut poursuivre sans relâche la fixation, le reboisement ou le simple gazonnement des terrains dénudés de nos montagnes, assurés de léguer ainsi aux générations futures une richesse inappréciable en produits *immatériels*. Quant aux produits *matériels*, aux produits en bois, en matière ligneuse, ils sont en France d'une insuffisance telle que le déficit de notre production, représenté par l'excédent de l'importation sur l'exportation, atteint encore le chiffre moyen de 177 millions de francs pour la dernière période décennale (1878 à 1887). D'après les résultats de la statistique générale établie à l'occasion de l'Exposition de 1878, résultats que semblent avoir bien peu modifiés les statistiques partielles établies à l'occasion de l'Exposition de 1889, ces produits matériels ne dépassent pas le chiffre moyen annuel de 25 millions de mètres cubes, d'une valeur de 230 millions de francs, et si nous payons encore à l'étranger, en pleine crise, un tribut annuel moyen de 177 millions, c'est pour nous procurer les 7 à 8 millions de mètres cubes de bois d'œuvre qui nous font défaut. Nous disons *en pleine crise*, car il ne faut se dissimuler ni le ralentissement de la marche des affaires, ni la diminution de la consommation en bois depuis 1881. A cette date de 1881, la crise agricole était à l'état aigu; à cette même date, l'importation des bois communs baissait de 67 millions, ce qui prouve une fois de plus qu'il existe une solidarité étroite entre le développement du commerce et de l'industrie et la prospérité de l'agriculture.

Quoi qu'il en soit, nos besoins en produits *matériels*, comme en produits *immatériels*, justifient le développement de notre culture forestière, et les considérations qui précèdent donnent une idée suffisante de l'utilité ou de la nécessité des reboisements, de leur importance et de l'intérêt qui s'attache à leur bonne exécution. Aussi les repeuplements artificiels de toute nature ont-ils reçu en France une grande impulsion en ces dernières années, et cette impulsion doit-elle s'accentuer longtemps encore.

Parallèlement à cette progression croissante des *repeuplements artificiels*, nous constatons que les *défrichements*, jadis si nombreux, qui ont atteint parfois le chiffre de 23,000 hectares dans une seule année et qui ont embrassé une surface de plus de 350,000 hectares de 1828 à 1870, ont considérablement diminué depuis 1876 et n'ont pas dépassé le chiffre moyen de 775 hectares pour les cinq dernières années. Nous sommes donc bien assurés aujourd'hui de ne plus tourner dans un cercle vicieux : les *repeuplements* augmentent rapidement sur toute la surface du territoire et les *défrichements*, qui diminuent plus sensiblement encore, touchent en réalité à leur fin. Il y a bien extension et extension continue de la culture forestière, en dépit des abus du pâturage dans les forêts de montagne, qui équivalent parfois à de véritables défrichements et qu'il importe de réprimer en toutes circonstances.

§ 2. Repeuplements feuillus et résineux sur les divers sols et sous les divers climats.

Nous croyons avoir suffisamment fait ressortir l'intérêt qui s'attache à la bonne exécution des repeuplements artificiels. Leur théorie est bien fixée, leur pratique s'améliore de jour en jour. Abstraction faite des *boutures* et des *marcottes,* qui peuvent rendre les plus grands services avec certaines essences dans certaines situations, notamment en montagne, les *semis* et les *plantations* sont employés concurremment sur tous les points du territoire, en forêt et hors forêt. Le choix des essences est toujours basé sur les rapports de ces essences avec le sol, avec le climat, avec les besoins de la consommation, — l'intervention des essences rustiques transitoires, notamment des essences spontanées dans la région, s'imposant presque toujours dans les sols épuisés, comme l'aune et surtout le bouleau sur bien des points, le pin d'Alep au Sud-Est, le pin maritime au Sud-Ouest, ou, à défaut d'essences transitoires spontanées, dans les autres régions, le pin sylvestre sur presque tous les sols, le pin noir d'Autriche sur les sols pierreux ou fissurés, surtout calcaires, etc. Quant au choix du repeuplement (semis ou plantations), il dépend non seulement du sol, du climat et des essences, mais des ressources dont on dispose comme graines et comme plants, et, avant tout, de la situation des lieux à repeupler. Nous ne nous étendrons pas davantage sur ce sujet.

§ 3. Choix des graines forestières ; leur emploi.

C'est le choix et l'emploi raisonnés des graines forestières qui réclament le plus de développements, car ils ont une importance capitale, non seulement pour le semis direct, le semis en place, le semis définitif, mais encore pour le semis en pépinière, qui est le véritable élément de la plantation.

La France est toujours tributaire de l'étranger, particulièrement de l'Allemagne, pour le commerce des graines, soit résineuses, soit même feuillues. Pour les premières, le fait s'explique facilement, les massifs résineux étant plus considérables en Allemagne; pour les secondes, on en comprend moins facilement la raison, mais cela doit tenir surtout à la différence considérable des prix de la main-d'œuvre dans les deux pays.

Nous ne voyons guère qu'une semence dont nous avons à peu près le monopole en France : c'est celle du pin maritime. Qu'il nous soit permis de dire à ce sujet que nous ne comprenons pas beaucoup l'État se substituant à l'industrie privée dans la récolte et la conservation des graines forestières, car si l'on voulait faire le compte de ce que coûte 1 kilogramme de graines résineuses acheté au commerce ou fourni par l'une des sécheries de l'État, nous croyons que l'avantage serait en faveur de l'industrie privée. En outre, celle-ci garantit les graines qu'elle vend au Service des forêts, tandis que les graines récoltées directement et distribuées par ce Service peuvent non seulement renfermer beaucoup de déchets, mais avoir perdu, au moment de l'emploi, une partie de leur vitalité par un long séjour en magasin.

Cependant, il est certains cas où l'Administration forestière ne devrait pas hésiter à se procurer directement ses graines, même au prix de quelques sacrifices : c'est, par exemple, celui où elle voudrait obtenir les semences d'une variété ou d'une espèce qui mériterait d'être propagée. L'intervention des agents forestiers serait même alors fort tile, car il importerait de choisir convenablement les porte-graines. Les arbres, comme tous les êtres vivants, sont soumis aux lois de l'hérédité : si les graines proviennent de sujets vigoureux, toutes choses égales d'ailleurs, on aura évidemment plus de chances d'obtenir de jeunes plants vigoureux; on devra même, sous ce rapport, se montrer d'autant plus attentif que la faute que l'on commettrait aurait des conséquences plus sérieuses et en quelque sorte indéfinies, puisque la forêt nouvelle une fois créée ou régénérée par le semis devra ensuite se perpétuer par l'exploitation elle-même. Semer des graines provenant d'arbres défectueux constituerait donc pour le sylviculteur une faute plus lourde encore que celle de l'agriculteur qui ensemencerait son champ avec la première graine venue; la faute commise par celui-ci pourrait se réparer promptement, puisque les champs s'ensemencent à nouveau chaque année; celle commise par le forestier ferait sentir ses effets désastreux non seulement pendant la première révolution, mais encore pendant les révolutions suivantes, c'est-à-dire pendant des siècles.

Que s'il importe de ne pas récolter ses graines sur des arbres offrant un état de végétation peu satisfaisant, nous croyons fermement que le sylviculteur ne devrait pas se contenter de cet acte de prudence élémentaire et nous sommes d'avis que les propriétaires devraient veiller à ce que les récoltes n'aient lieu que dans de beaux massifs de l'essence à répandre, — autant que possible sur des arbres de dimensions exceptionnelles, — autant que possible encore sur des variétés parfaitement fixées et remarquablement belles. Ainsi, pour en revenir au pin maritime, pourquoi ne chercherait-on pas à répandre en France, par le semis, la magnifique variété de pin maritime qui existe en Corse et que l'on connaît sous le nom de *pin de Corte*, variété remarquable à la fois par la rapidité de sa croissance, ses fortes dimensions et surtout par sa rectitude presque aussi parfaite que celle du pin laricio? Pourquoi l'Administration forestière ne ferait-elle pas quelques efforts pour chercher à se procurer des graines de pin laricio de Calabre? Pourquoi, en France même, ne recommanderait-elle pas à ses agents de récolter les graines des arbres exceptionnellement vigoureux qu'ils peuvent avoir dans leurs cantonnements? Nous savons bien qu'on peut nous faire cette objection : « En sylviculture, les influences des milieux sont prépondérantes; si tel arbre présente des dimensions exceptionnelles, c'est qu'il a eu la chance d'être planté dans des conditions exceptionnellement favorables de sol et de climat; si tel autre est rabougri, malvenant, c'est, au contraire, qu'il a végété dans des milieux qui ne lui convenaient pas. A quoi bon récolter ses graines sur des sujets exceptionnellement vigoureux ou sur des variétés remarquables, puisque cette vigueur n'est qu'une exception qui ne se maintiendra pas et que la supériorité même de cette variété n'est due qu'à un concours de circonstances locales tellement indispensables que, si elles disparaissent, la variété disparaîtra aussi. »

A cela nous répondrons : l'agriculteur qui n'emploie pour ses semailles que des graines des meilleures sortes, l'éleveur qui n'entretient dans ses écuries, dans ses étables, dans ses bergeries, que des animaux des meilleures races, savent bien, eux aussi, que les graines sont exposées à dégénérer, que les animaux domestiques, abandonnés aux hasards de la reproduction, perdent bien vite les traits caractéristiques des races améliorées; et cependant ils ne se découragent pas, ils comptent sur leurs soins, sur leur intervention continuelle, sur une sélection intelligente pour conserver et améliorer peut-être encore les résultats déjà obtenus. Pourquoi ne raisonnons-nous pas de même en sylviculture? Est-ce donc à dire que par des exploitations bien conduites, par des coupes d'améliorations bien faites, par un heureux mélange des essences, par le maintien de la consistance favorable au développement de chacune d'elles, par certains travaux de repeuplement, d'assainissement, etc., est-ce à dire que le forestier soit absolument sans action sur la forêt au point de vue de son amélioration? Commencer par le proclamer, n'est-ce pas nous délivrer bien imprudemment un certificat d'impuissance ou d'incapacité? Et d'ailleurs, s'il a fallu une longue suite de générations, c'est-à-dire des siècles, pour créer une race ou une variété forestière remarquable, combien faudra-t-il de temps pour la détruire? En admettant même que les premiers descendants soient les seuls à présenter les caractères avantageux de cette race, il ne faut pas oublier qu'ils seront en possession du sol pendant une révolution, quelquefois plus que séculaire. Il ne faut pas oublier non plus qu'en marquant les réserves, on pourra choisir comme porte-graines les individus les plus purs et, par conséquent, maintenir, par une véritable sélection artificielle, la variété remarquable précédemment introduite.

Si nous avons insisté sur ce point, c'est qu'il nous semble que les propriétaires et leurs agents n'y attachent pas une importance assez grande. Nous sommes convaincus que l'on a souvent semé du pin de Haguenau là où l'on eût dû semer du pin d'Auvergne ou même du pin à crochets, et nous craignons fort que les Allemands ne nous aient souvent vendu, sous le nom de pin sylvestre, des graines de pin mugho [1], misérable arbrisseau chétif et buissonnant. Le pin à crochets lui-même (pinus montana uncinata) offre des individus très différents, les uns buissonnants, les autres élancés et pouvant atteindre 25 mètres de hauteur; il ne saurait donc être indifférent, quand on veut employer cette essence pour le reboisement des altitudes extrêmes, de semer des graines récoltées sur l'une ou l'autre forme.

---

[1] C'est, comme le pin à crochets, une variété du pin de montagne, mais une variété qui ne se trouve même pas dans les limites de notre flore.

L'inconvénient est encore plus grand que celui, déjà fort grave, qui résulte de l'emploi trop fréquent des graines du chêne pédonculé et même du chêne tauzin sur des sols et dans des situations où le chêne rouvre seul peut réussir.

A propos des Allemands et de leurs graines, nous nous demandons si l'Administration n'est pas entrée depuis quelques années dans une voie fâcheuse. Par un sentiment des plus louables, elle a cru devoir s'adresser exclusivement à des fournisseurs français, même pour se procurer certaines graines qui ne se récoltent pas en France, par exemple celles de pin noir d'Autriche. Qu'en résulte-t-il? Il en résulte que les Allemands, les seuls producteurs de graines résineuses pour le commerce, sont en apparence éloignés de nos adjudications; mais, en réalité, les fournisseurs français leur achètent les graines qu'ils revendent ensuite à l'Administration; naturellement ils prélèvent une commission et c'est l'État qui paye cette commission.

Pour en finir avec cette question des graines qui demanderait des développements incompatibles avec l'étendue d'un simple rapport, nous empruntons à un remarquable travail de M. Pierret, inspecteur adjoint des forêts et professeur à l'école des Barres, quelques données fort intéressantes et fort instructives sur les essais de graines résineuses dont nous avons déjà parlé.

Ces essais, poursuivis depuis dix-huit ans bientôt avec l'unité de vues désirable dans des expériences de cette nature, ont une autorité d'autant plus grande qu'ils remontent plus loin et qu'étant faits de la façon la plus consciencieuse, jamais un fournisseur n'a osé les contester.

C'est en 1872 que l'Administration forestière a centralisé aux Barres le service des graines résineuses. Depuis cette époque, les graines achetées au commerce sont adressées directement à cet établissement; là, le poids annoncé est vérifié, les graines sont soumises à un nettoyage complet au tarare; puis, un échantillon est prélevé sur chaque fourniture avec les soins indispensables pour qu'il puisse être regardé comme représentant aussi exactement que possible l'ensemble de la fourniture correspondante. Enfin, la proportion pour cent de bonnes graines, c'est-à-dire le taux de la puissance germinative, est déterminée à l'aide d'un certain nombre de graines (2,400 en général), prélevées sur l'échantillon susdit et placées dans la serre spéciale d'expériences aménagée à cet effet.

Les épreuves de germination se font depuis quelques années d'une part en flanelles, d'autre part sur le sable, de façon à obtenir 2 chiffres qui doivent se rapprocher sensiblement l'un de l'autre. En cas de désaccord soit entre ces 2 chiffres, soit entre eux et celui garanti par le fournisseur, de nouveaux essais sont effectués après prélèvement d'un second échantillon.

En dehors des graines achetées au commerce, les diverses sécheries et magasins de l'Administration forestière, où sont préparées des graines résineuses récoltées dans les massifs forestiers français, envoient chaque année au domaine des Barres des échantillons de leurs récoltes. Ces échantillons sont soumis à des épreuves de germination dans des conditions analogues à celles subies par les graines du commerce.

Grâce à cette organisation, les agents forestiers du domaine des Barres ont pu entamer une série de recherches sur les graines résineuses employées en France dans les travaux de reboisements et de repeuplements, recherches qui ont été suivies dans le même esprit pendant de longues années. Ces expériences sont de trois sortes :

1° Essais à l'arrivée, soit.....

2° Essais annuels, tendant à établir la loi de la décroissance de la puissance germinative pour chacune des essences résineuses les plus importantes. A cet effet, les échantillons prélevés sont conservés au magasin des Barres et soumis, d'année en année, à des épreuves régulières de germination.

Essais mensuels......

Renseignements généraux sur les graines résineuses employées en France dans les travaux de repeuplements et de reboisements.

NOTA. Les chiffres indiqués sont les moyennes de toutes les expériences relevées du 1ᵉʳ janvier 1873 au 1ᵉʳ janvier 1889.

Pin sylvestre. — ..... Placées dans des flanelles, arrosées au pulvérisateur et exposées dans la serre d'expériences, les graines de pin sylvestre commencent à germer le plus souvent pendant le troisième ou quatrième jour qui suit la mise en marche de l'expérience. Trois jours après le commencement de la germination, puis régulièrement de trois jours en trois jours, on enlève les graines germées et on tient note de leur nombre sur un registre spécial. Les deux premiers comptages donnent le plus souvent une idée très précise de la qualité de la graine essayée, car on peut presque sûrement considérer la somme de ces deux pointages comme formant les huit dixièmes du total général des graines germées.

..... de sorte qu'une épreuve complète de germination pour le pin sylvestre demande en flanelles environ 25 jours.....

En général, pour le pin sylvestre, la proportion pour cent de bonnes graines est de 74 p. 100 la première année, c'est-à-dire lors de l'essai fait à l'arrivée, soit, le plus souvent, à peu près un an après la récolte des cônes:....

La deuxième année, le taux de germination s'abaisse à 49 p. 100, puis à 28 p. 100 la troisième année, etc...... La vitalité décroît très rapidement, le rendement est inférieur à 5 p. 100 dès la sixième année.

Ces chiffres sont d'ailleurs des minima puisqu'ils ont été obtenus en prenant les moyennes des résultats fournis par tous les échantillons entrés aux Barres, quels qu'ils fussent, *défalcation faite des seules graines refusées au commerce.*

On a, au contraire, pour ainsi dire des valeurs maxima lorsqu'on établit les moyennes fournies par les essais mensuels, car ce sont toujours les meilleurs échantillons qui ont été choisis pour ces expériences spéciales. D'après ces essais, le taux de germination du pin sylvestre est de 70 p. 100 au commencement de la première année, de 58 p. 100 la deuxième année, de 45 p. 100 la troisième année, etc. On peut donc dire que pour exécuter un semis de pin sylvestre on est en droit d'exiger des graines contenant de 74 à 79 p. 100 de bonnes semences.

Pin à crochets. — ..... Le pin à crochets commence à germer vers le quatrième jour qui suit la mise en flanelles des graines à essayer; les pointages se font tous les trois jours, mais la marche générale de la germination est bien moins rapide que pour le pin sylvestre; une expérience sur le pin à crochets se prolonge souvent plus de 45 jours.....

..... Par suite, il est difficile d'être fixé rapidement sur la valeur d'un échantillon de pin à crochets.

..... La puissance germinative du pin à crochets est en moyenne de 72 p. 100 la première année, de 57 p. 100 la deuxième année, puis elle passe successivement d'année en année à 50 p. 100, 42 p. 100, etc..... (valeurs minima).

La décroissance est moins brusque que pour le pin sylvestre; le rendement n'est inférieur à 5 p. 100 que la dixième année.

Pin laricio. — . . . . .Les graines de pin laricio reçues aux Barres appartiennent à 3 espèces distinctes, savoir :

1° Pin laricio noir d'Autriche. . . . .

2° Pin laricio de Corse. . . . .

3° Pin laricio des Cévennes. . . . .

. . . . .Le pin noir commence à germer vers le quatrième jour qui suit la mise en flanelles ; les pointages se font de 5 en 5 jours et la durée totale d'une expérience est d'environ 29 jours. Pour le pin laricio de Corse la période d'attente est presque toujours de 5 jours pleins et la durée totale de l'épreuve est de 35 jours.

Au contraire, le pin laricio des Cévennes commence à germer au bout de 3 jours et la durée de l'essai complet n'est que de 21 jours en moyenne. . . . .

Pour les trois essences. . . . . le premier comptage, exécuté cinq jours après le commencement de la germination, a toujours fourni plus des huit dixièmes du taux définitif, de sorte qu'on est rapidement fixé sur le rendement probable d'une épreuve. . . . .

La moyenne de l'ensemble des premiers essais exécutés aux Barres donne pour le pin noir d'Autriche un taux de germination de 76 p. 100, de 77 pour le pin laricio de Corse et de 74 pour le pin laricio des Cévennes. Ces rapports s'abaissent à 50 p. 100 dès la seconde année et passent en dessous de 5 p. 100 au cinquième essai annuel.

Pin maritime. — La majeure partie des graines de pin maritime entrées aux Barres proviennent de. . . . .la région sud-ouest de la France. Quelques envois ont été expédiés de Corse et séparés, sous le nom de «pin maritime de Corte», de ceux provenant de France et confondus sous la désignation de «pin maritime de Bordeaux». . . . .

L'apparition des germes a lieu le plus souvent le cinquième ou le sixième jour ; les comptages se font de cinq en cinq jours, mais la durée totale de l'expérience peut atteindre et dépasser 75 et 80 jours. On ne peut donc préjuger de la valeur d'un échantillon de pin maritime par la levée qui se produit dans les premiers jours comme pour le pin sylvestre et surtout pour les pins laricios. . . . .

On voit, par les résultats des essais annuels exécutés sur les graines de pin maritime conservées en magasin, que la vitalité des graines de pin maritime et puissante. . . . . Le plus ancien échantillon, donnant, le 28 décembre 1875, 76 p. 100 de bonnes graines, a encore fourni 64 p. 100. . . . . neuf ans après son arrivée et dix ans après la récolte des cônes.

Pin d'Alep. — . . . . . Les graines de pin d'Alep commencent en général à germer le septième jour. . . les comptages se font de cinq en cinq jours. . . . . le premier pointage, cinq jours après le commencement de la germination, fournit très souvent les neuf dixièmes de la levée totale ; enfin la durée totale de l'expérience est d'environ 37 jours.

Les graines de pin d'Alep tendent à conserver leurs qualités germinatives pendant plusieurs années ; toutefois la puissance de vitalité est beaucoup moindre que chez les pins maritimes. Les moyennes des taux fournis par les expériences annuelles donnent :

Première année. . . . . 74 p. 100

Deuxième année. . . . . 68 p. 100

Troisième année. . . . . 65 p. 100, etc. . . . . .

On voit donc que seules parmi les graines résineuses, autres que celles du pin maritime, les graines de pin d'Alep peuvent être conservées deux et trois ans en magasin.

Pin Weymouth. — Les échantillons de graines de cette essence ont été très rares, de sorte que les chiffres qui la concernent doivent être considérés comme susceptibles de modifications ultérieures. . . . .

La marche générale de la germination est fort lente, les graines ne se trouvent en pleine germination qu'après trois semaines, l'expérience complète pouvant durer plus de trois mois.....

On peut en conclure qu'il est presque inutile de semer en pépinière, au mois d'avril, des graines de cette essence, sans leur avoir fait subir une préparation préalable.....

C'est ainsi que peuvent s'expliquer un grand nombre d'insuccès éprouvés lors des semis. Il est donc de toute nécessité d'arriver à activer la germination des graines. Le procédé le plus simple paraît être le suivant.....

Il est appliqué avec succès par MM. Transon frères, pépiniéristes à Orléans.....

Le taux de germination d'entrée a été en moyenne de 66 p. 100; il descend la deuxième année à 33 p. 100, puis à 10 la troisième année.

Pin cembro. — ..... La marche de la germination est encore plus lente pour le pin cembro que pour le pin Weymouth... quelques graines germent encore plus d'un an après la mise en flanelles. La nécessité d'une préparation préalable s'impose donc encore plus que pour le pin Weymouth.....

Aux premiers essais, lors de la réception, la proportion maxima de bonnes graines est de 52 p. 100; la moyenne ne va qu'à 25 p. 100. Dès la seconde année, la moyenne ne donne plus qu'un chiffre de 3 p. 100 et, à la troisième année, aucune graine ne germe.

Mélèze. — ..... Les graines de mélèze mettent environ cinq jours à germer, les pointages se font de trois en trois jours..... la somme de deux premiers comptages fournit environ les 85 centièmes de la levée totale. La durée complète de l'expérience est le plus souvent de 29 à 32 jours.....

La courbe de décroissance annuelle du mélèze s'élève dès la première année à 39 p. 100; elle passe à 16 p. 100 la seconde année, puis à 5 p. 100 la troisième année, etc.....

Le mélèze germe donc toujours assez mal dès la première année et, de plus, la vitalité des graines décroît très rapidement.....

Certains échantillons arrivés aux Barres en 1889 donnent des résultats bien supérieurs à ceux enregistrés jusqu'à présent; ces échantillons proviennent des récoltes exécutées sous la direction des agents forestiers et obtenues en secouant les branches des mélèzes au-dessus de toiles étendues sur le sol. Dans ces conditions, on recueille principalement les graines situées à la partie centrale des cônes, les meilleures par conséquent.....

Epicéa. — ..... La germination commence le quatrième jour..... les pointages se font de trois en trois jours; les deux premiers fournissent sensiblement les 9 dixièmes du résultat final, et la durée complète de l'expérience est de 25 jours environ.

La courbe de décroissance se rapproche beaucoup de celles relatives au pin sylvestre, au pin noir et au pin laricio de Corse, au moins pendant les trois premières années.

Les taux de germination sont en moyenne de :

Première année... 73 p. 100
Deuxième année... 53 p. 100
Troisième année... 26 p. 100
Quatrième année... 7 p. 100, etc.....

Ces chiffres sont des minima..... les expériences mensuelles donnent les valeurs moyennes suivantes que l'on peut prendre pour des maxima :

Première année... 77 p. 100
Deuxième année... 62 p. 100
Troisième année... 44 p. 100, etc.....

*Renseignements spéciaux sur les graines résineuses achetées au commerce
par l'Administration forestière.*

La centralisation du service des graines résineuses au domaine des Barres a eu des résultats assez importants au point de vue pécuniaire pour l'Administration des forêts.

Ainsi, du 1er janvier 1873 au 1er janvier 1889, les soumissions acceptées par l'Administration centrale prévoyaient l'arrivée au magasin des Barres de 364.016 kilogrammes de graines résineuses représentant une valeur prévue de 1,297,284 fr. 53, savoir.....

Sur les 150 fournitures, 10 seulement furent refusées à cause de la mauvaise qualité des graines. Ces 10 fournitures représentaient 19,908 kilogrammes de graines valant, d'après les soumissions, 61,214 fr. 48, savoir.....

La quantité totale entrée en magasin aurait donc dû être de 344,108 kilogrammes et la somme totale payée aux fournisseurs de 1,236,070 fr. 05.

Par suite des vérifications de poids exécutées à l'arrivée et des diminutions dues au nettoyage que toute fourniture subit avant sa réception, la quantité totale entrée en magasin, pendant cette période, s'est réduite à 342,945 kilogr. 800.

La somme totale payée aux fournisseurs qui, en dehors de la diminution résultant des déficits de poids net ou des excédents de déchets constatés, a encore été diminuée de toutes les réductions imposées pour insuffisance de taux de germination, a été ramenée à 1,192,888 fr. 04, savoir.....

La différence entre la somme prévue et la somme réelle payée, soit 43,182 fr. 01, représente le bénéfice fait par l'Administration par suite de l'installation de la station centrale d'essais au domaine des Barres.....

La somme est assez importante..... mais il est bon de remarquer, à *l'honneur du commerce de graines,* qu'elle représente, par rapport à la somme prévue, les 0,03493 de cette somme, soit à peine 3.5 p. 100.....

Puis, comme le fait remarquer dans une note additionnelle M. le Directeur du domaine des Barres :

Le chiffre de 43,182 fr. 01 est le chiffre du bénéfice..... mais il est bien loin de représenter tout le bénéfice que l'installation aux Barres d'un laboratoire d'essai a certainement procuré.

D'abord il est incontestable que, sans ces essais, les graines refusées auraient été admises comme bonnes, et plus ces graines étaient mauvaises, plus le bénéfice résultant de leur refus a été considérable. On peut affirmer, en outre, sans la moindre hésitation, que, puisque, malgré la certitude de voir leurs graines soumises à nos essais, les fournisseurs se sont encore risqués : 1° à nous fournir 19.908 kilogrammes.....; 2° à subir, en outre, sur les graines acceptées, pour excédent de déchets, etc.....; on peut affirmer, disons-nous, que si ces mêmes fournisseurs ou d'autres moins consciencieux n'avaient pas été retenus ou écartés par la crainte salutaire de ces essais, le chiffre indiqué plus haut eût été, *sans aucun doute,* incomparablement plus fort et se serait élevé à plusieurs centaines de mille francs. Pour nous....., avant que l'Administration forestière se fût décidée à essayer ses graines..... il se commettait des fraudes énormes. Et ce n'était pas alors seulement la valeur des graines que l'on perdait, mais encore le prix de revient de tous les travaux de main-d'œuvre, souvent fort coûteux, qu'avaient nécessités la préparation du sol et l'exécution des semis.

On peut donc dire que l'installation aux Barres d'une station d'essai de graines a été, à tous les points de vue, une mesure excellente, non seulement pour les motifs déjà si graves que nous venons d'indiquer, mais encore parce que l'Administration, une fois sûre de la qualité de ses graines, a pu réduire dans des proportions notables les quantités de semence à répandre par hectare. Ainsi, pour le pin sylvestre, avant nos essais, on semait couramment 12 à 14 kilogrammes à l'hectare pour... a semis en plein; aujourd'hui, on ne sème plus guère que 7 ou 8 kilogrammes, et le semis est beaucoup plus certain.

Il nous resterait, en terminant, à exprimer le vœu que l'Administration tirât de sa station des Barres tout le profit qu'elle pourrait en tirer et pour elle et pour les particuliers qui, encore aujourd'hui, ne savent ni quelle garantie de germination ils peuvent exiger de leurs fournisseurs, ni à quel établissement ils peuvent s'adresser pour faire essayer leurs graines.

Nous n'ajouterons qu'un mot aux judicieuses observations qui précèdent; en semant trop dru le pin sylvestre on obtenait en général des peuplements sans avenir : ravagés par les insectes ou les maladies cryptogamiques s'ils n'étaient pas éclaircis ; dans l'impossibilité de se soutenir et de résister aux intempéries, s'ils étaient éclaircis trop tard ou sans les soins les plus minutieux.

§ 4. REPEUPLEMENTS DANS LES GRANDES RÉGIONS DE LA FRANCE ET DE L'ALGÉRIE.

Nous n'avons pas la prétention de passer en revue toutes les contrées de la France et de l'Algérie : nous considérerons celle-ci dans son ensemble après avoir rendu sommairement compte des travaux de repeuplement ou de reboisement entrepris dans la Champagne pouilleuse, la Sologne, les Alpes, les Pyrénées et le Plateau Central.

1° *Champagne pouilleuse.*

C'est en pin sylvestre pur, ou en pin sylvestre mélangé à des saules marseaux, qu'au commencement du siècle, on planta quelques terres incultes, ou *savarts*, sur la craie blanche de la Champagne pouilleuse (étage sénonien), dans les départements de la Marne et de l'Aube et dans le sud de celui des Ardennes. Comme le dit très bien M. Risler, dans sa *Géologie agricole*, «les moutons seuls pouvaient, dans ces savarts, trouver quelque nourriture et faire de longs parcours sans être abreuvés». Le succès des premières plantations encouragea les planteurs, qui bientôt substituèrent au pin sylvestre le pin noir d'Autriche et le pin laricio, considérés longtemps comme bien supérieurs au premier.

Depuis, on a reconnu que si le pin noir (essence préférante calcicole) croît très rapidement sur ces sols (assises fissurées de la craie blanche) et fournit d'abondants détritus, il manque généralement de nerf comme bois d'œuvre et donne un mauvais bois de feu; que le laricio y pousse plus rapidement encore, mais qu'il est très sensible à la gelée (le plus grand nombre a été détruit dans les Ardennes en 1879-1880); que le pin sylvestre enfin, qui y croît moins vite, donne le bois le plus nerveux, le plus estimé comme perche de houillère et comme échalas, et le meilleur combustible.

Aujourd'hui on préfère donc généralement au pin noir, qui a beaucoup perdu de sa vogue en Champagne, notamment dans les Ardennes, le pin sylvestre qui, planté serré, améliore presque autant le sol que le pin noir, pousse suffisamment droit et donne des perches d'une grosseur plus soutenue, plus résistantes que celles du pin noir. Mais on maintient le laricio, ou l'on revient à cette essence, sur les points où les lapins sont nombreux, à cause de leur préférence marquée pour le pin noir, et, à son défaut, pour le sylvestre.

Quelle que soit l'essence résineuse adoptée, il y a lieu de lui donner le bouleau ou l'aune, mais surtout le bouleau — l'aune n'étant pas assez longévif sur la craie — comme auxiliaire en mélange, pour favoriser sa croissance comme sa fructification et diminuer le nombre, et, par suite, les ravages des insectes. Des plants isolés pris en pépinière, de deux ans pour le pin et de deux à quatre ans pour le bouleau, donnent de bons résultats soit au printemps, soit en automne. On peut disposer les plants en quinconces à raison de 2,500 pins pour 7,500 bouleaux à l'hectare. Le bouleau, maintenu après l'exploitation des pins, fournit des semis naturels très précieux et donne plus tard des perches de houillère fort estimées.

2° *Sologne.*

Au sud de la Loire, la Sologne proprement dite, avec ses sables et ses argiles (terrains miocènes), couvre une étendue de 450,000 hectares dans les départements du Loiret et du Loir-et-Cher. Il s'agit d'une région « dans laquelle il faut étendre d'un côté les bois, de l'autre les prés, jusqu'à ce que la culture arable soit réduite aux seules terres qui sont de force à la rémunérer ». (Risler, *Géologie agricole.*)

C'est ainsi que de 1850 à 1879 on fit en Sologne d'immenses plantations forestières ; malheureusement ces plantations, de pin maritime pour la plupart, furent détruites par le terrible hiver de 1879-1880. Le désastre n'embrassait pas moins de 120,000 hectares et c'est à réparer ce désastre qu'il fallait songer avant de donner à la culture forestière une nouvelle extension. Une essence, dont plusieurs peuplements indemnes attestaient la rusticité, avait suffisamment fait ses preuves pour attirer l'attention des propriétaires et provoquer chez eux un véritable engouement. Nous voulons parler du pin sylvestre que, pendant les premières années, on substitua au pin maritime, le plus souvent à l'état pur, parfois associé au pin maritime lui-même. Puis les repeuplements devinrent tous mélangés, on ne sema plus que sylvestre et maritime en mélange pour diminuer les prix de revient, assurer le succès des repeuplements et activer la croissance du pin sylvestre, — celui-ci devant être considéré comme l'essence définitive, le maritime comme l'essence transitoire, appelé à disparaître dans les éclaircies. Aujourd'hui, nous constatons chez les mêmes propriétaires une tendance à revenir au pin maritime : ils n'ont certes pas oublié les désastres de 1879-1880, mais ils pensent qu'un hiver semblable ne se produit guère qu'une fois en un siècle et qu'en conséquence un particulier — il n'est pas question de l'État, pour lequel la chose est inadmissible — a bien le temps de semer et de couper ses pins deux ou trois fois. La graine de pin maritime coûte si bon marché, elle est si généralement d'excellente qualité, le semis coûte si peu et réussit si bien, que ce serait vraiment folie que de délaisser complètement une essence à croissance rapide comme le pin maritime pour adopter une essence à croissance relativement lente comme le pin sylvestre. Le pin maritime n'est plus en Sologne dans sa station, nous le savions et l'expérience de 1879-1880 en a fait comprendre à tous les conséquences possibles, mais nous n'en partageons pas moins la manière de voir des propriétaires qui reviennent au pin maritime pour se hâter d'obtenir de cette essence tous les avantages qu'on peut en tirer, même en Sologne. D'ailleurs nous sommes absolument convaincu que, dans un siècle, sous les pins maritimes auront poussé des chênes, en sorte que les pineraies actuelles que l'on crée en Sologne sont appelées à devenir plus tard des chênaies. C'est vraiment merveilleux de voir avec quelle facilité le chêne se substitue au pin, et quand ce phénomène, pour ainsi dire naturel, se sera généralisé, vienne un hiver semblable à celui de 1879-1880, la substitution des essences permettra d'en supporter sans effroi les terribles effets.

REBOISEMENTS EN MONTAGNE.

Nous arrivons aux reboisements en montagne et nous ne pouvons mieux faire que de suivre tout d'abord les indications fournies par notre maître à tous en matière de reboisement, M. Demontzey, dans son édifiante notice « *De la restauration des terrains en montagne au Pavillon des Forêts* ».

La loi du 4 avril 1882, sur la restauration et la conservation des terrains en montagne, a placé l'opération du reboisement sous l'empire du droit commun en matière de travaux publics, sous réserve de quelques dispositions spéciales relatives aux enquêtes.

L'utilité publique des travaux de restauration, rendus nécessaires par la dégradation du sol et les dangers nés et actuels, est déclarée, pour chaque bassin ou partie de bassin de rivière torrentielle, par une loi qui fixe le périmètre des terrains sur lesquels les travaux doivent être exécutés. Cette loi est précédée d'une enquête, de l'avis des corps électifs et de celui d'une commission spéciale (art. 2 de la loi).

Dans les périmètres fixés par la loi, les travaux sont exécutés par les soins de l'Administration et aux frais de l'État qui, à cet effet, est tenu d'acquérir, soit à l'amiable, soit par expropriation, les terrains reconnus nécessaires. Dans ce dernier cas, il est procédé dans les formes prescrites par la loi du 3 mai 1841. Toutefois les particuliers et les communes peuvent conserver la propriété de leur terrain, à charge par eux d'exécuter les travaux prescrits dans les délais fixés (art. 4 de la loi).

La loi maintient le principe des subventions pour travaux de reboisement facultatif inscrit dans la loi de 1860, en l'étendant aux opérations de toutes natures entreprises en montagne pour l'amélioration, la consolidation du sol et la mise en valeur des pâturages.

Elle édicte, en vue de prévenir la dégradation des terrains en pente rapide et de conjurer les dangers auxquels les dispositions du titre Ier ont pour objet de remédier, des mesures de conservation, qui font l'objet du titre II, ce sont :

1° La mise en défends des terrains dont l'état de dégradation n'est pas encore assez avancé pour nécessiter des travaux de restauration..... (Titre II, chapitre Ier.)

2° La réglementation du pâturage..... (Titre II, chapitre II.)

Dans ses dispositions transitoires, formant le titre III, la loi règle le sort des anciens périmètres décrétés sous l'empire des lois de 1860 et de 1864.....

Malgré quelques imperfections, la loi du 4 avril 1882 constitue un très réel progrès sur la législation précédente en matière de reboisement des montagnes. L'expropriation des terrains, sur lesquels doivent porter les travaux reconnus d'utilité publique, est une mesure commandée par l'équité envers les propriétaires, non moins que par la nécessité d'assurer à perpétuité la conservation de résultats obtenus souvent à grands frais.

N'ayant plus à redouter les résistances de propriétaires largement désintéressés, disposant d'ailleurs, par les améliorations pastorales qu'il est autorisé à subventionner, d'une compensation à offrir aux communes en échange de la privation d'une partie de leurs pâturages, maître absolu de diriger l'exécution des travaux dans les périmètres au mieux des intérêts à sauvegarder, le Service forestier, dégagé des entraves que l'opération du reboisement a rencontrées à ses débuts, doit trouver dans l'application de la loi nouvelle le moyen de mener à bonne fin l'œuvre de l'extinction des torrents et de la régénération des montagnes, dont l'importance s'affirme chaque jour par quelque nouveau désastre et périodiquement par de véritables catastrophes. La période des essais et des tâtonnements est close; les méthodes, tant pour le reboisement des terrains les plus difficiles que pour la correction des torrents les plus dangereux, sont aujourd'hui fixées, et les résultats obtenus témoignent à la fois de l'efficacité des moyens employés et de la sûreté des procédés.

Retenons bien que, malgré quelques imperfections, la loi du 4 avril 1882 constitue un très réel progrès sur la législation précédente en matière de reboisement des montagnes. C'est un *progrès survenu depuis l'Exposition de 1878*, que nous avions jusqu'ici passé sous silence et qu'il importait de signaler.

Nous ne donnerons pas la description du champ d'action, comprenant dix-sept départements du Midi, sur lequel l'Administration des forêts est appelée à combattre, au nom de l'utilité publique, les dangers nés et actuels que vise l'article 2 de la loi du 4 avril 1882. Nous ferons simplement connaître la conclusion à laquelle donne lieu la comparaison des trois grandes régions montagneuses de la France :

A elles seules, les Alpes absorberont une somme d'efforts et de dépenses beaucoup plus grande que les deux autres régions réunies.

Dans les Pyrénées, les grands travaux de correction pourront être terminés dans un délai relativement court et le reboisement n'y affectera pas de très vastes étendues;

Dans les Cévennes, on devra surtout procéder à une longue série de petits travaux de correction alliés à la création de massifs importants de forêts, aux origines des innombrables rivières qui en descendent sur les deux versants océanique et méditerranéen.

Enfin les Alpes exigeront les travaux de correction les plus considérables comme les plus nombreux, et, dans la plupart des bassins supérieurs, un reboisement assez efficace pour obtenir, maintenir et perpétuer l'extinction des torrents formidables qui menacent de faire un vrai désert de la frontière si importante du sud-est de la France.

Mais si les travaux d'utilité publique affectent ainsi dix-sept départements, ce n'est pas à dire que certains de leurs voisins ne devront pas recevoir le bénéfice d'autres mesures édictées par la loi.

Dans bon nombre d'entre eux, en effet, il conviendra d'étudier et de provoquer l'application de l'article 5, en ce qui concerne les travaux facultatifs et les améliorations pastorales et agricoles, sous forme de subventions à des reboisements, à des fruitières, à des créations de prairies, etc., et l'on peut dès à présent comprendre dans la liste..... douze autres départements qui, ajoutés aux dix-sept précédents, forment un total de vingt-neuf, représentant le tiers de la France.

Enfin, après révision des anciens périmètres et après étude des périmètres nouveaux, on a reconnu que la loi du 4 avril 1882 est applicable, au total, à 246,679 hectares de nouveaux terrains, dont l'état de dégradation présente les dangers spécifiés dans l'article 2 de la loi.

Ce chiffre, résultant de reconnaissances faites avec soin, doit être considéré comme un maximum...

Si l'on ajoute à ces 246,679 hectares de nouveaux périmètres l'étendue totale des terrains acquis par l'État dans les anciens périmètres s'élevant à 70,312 hectares, on obtient, pour les terrains à restaurer pour cause d'utilité publique, une étendue totale de 316,991 hectares qui, pour......, peut être réduite à 300,000 hectares en nombre rond.

La surface des terrains restaurés depuis le début des travaux dans les périmètres obligatoires déclarés d'utilité publique s'élève :

Au 1ᵉʳ janvier 1889, à.. 60,600 hectares.

L'étendue des terrains restant à restaurer pour cause d'utilité publique se réduit à.. 239,400

TOTAL ÉGAL.. 300,000 hectares.

D'où il résulte que l'on a déjà réalisé plus du cinquième de la grande œuvre entreprise.....

Il ne s'agissait pas ici simplement de sauvegarder l'avenir par une amélioration souvent fructueuse et parfois facile; l'on se trouvait en face d'un ennemi menaçant et terrible qui..... mettait en péril l'existence de populations tout entières, ruinant l'agriculture des riches vallées de la plaine et transformant en un vrai désert une partie des frontières de la France.

Pour dompter ces torrents et les mettre dans l'impossibilité de nuire à jamais, il fallait enserrer de toutes parts chacun d'eux dans une enceinte continue de végétation et les étouffer dans les mille bras de la forêt, le seul athlète assez puissant pour les anéantir et assurer par son éternelle vigueur la perpétuité des bienfaisants résultats de sa pacifique conquête.

La vaste et glorieuse entreprise, confiée au corps forestier, se présente comme une œuvre de salut, comme une question d'être ou de n'être pas, qui affecte ainsi un caractère d'utilité publique plus vaste et plus élevé encore que celui déjà si important des inondations.

Vingt années se sont écoulées depuis qu'on a mis la main à l'œuvre.....: l'on peut voir aujourd'hui, dans les hautes régions des Alpes et des Pyrénées, de nombreux reboisements d'essences résineuses, appropriées au rude climat local, étaler leur vigoureuse végétation à des altitudes supérieures à celles des forêts actuelles, non seulement dans les bassins de réception des premiers torrents attaqués par les travaux, mais même sur leurs berges vives, fixées et protégées pour toujours, tandis que ces torrents eux-mêmes, jadis si redoutés, sont devenus des ruisseaux de montagne, non seulement inoffensifs, mais d'autant plus précieux qu'ils procurent régulièrement à l'agriculture des eaux meilleures et plus abondantes.

Le problème posé par les lois de 1860 et de 1882 est aujourd'hui résolu. Les faits ont largement prouvé que la solution n'est ni longue ni coûteuse à obtenir, et qu'il suffit d'aider la nature par une série de petits moyens employés judicieusement et surtout par un constant esprit de suite.

Les avantages qu'on doit attendre, à bref délai, de l'accomplissement de cette œuvre patriotique peuvent se résumer ainsi :

Consolidation des versants instables dans les hautes montagnes, entraînant la protection assurée à des centaines de hameaux et aux cultures qui font vivre leurs habitants;

Préservation des vallées contre les ravages des torrents, impliquant la sécurité rendue à nombre de villes et villages, ainsi qu'aux cultures dont l'existence est menacée;

Restitution à l'agriculture de grandes et précieuses étendues, aujourd'hui occupées par les cônes de déjection;

Faculté..... de pouvoir endiguer les nombreuses rivières torrentielles;

Augmentation du débit des sources et production d'eaux d'irrigation plus abondantes et plus claires;

Sécurité assurée aux chemins de fer, routes nationales et départementales ainsi qu'aux chemins vicinaux.....

.....(Cette sécurité intéresse au plus haut degré la défense nationale).....

Mise en train d'une transformation indispensable dans l'économie agricole des régions montagneuses ayant pour conséquence le développement de la richesse nationale;

Maintien d'abord, et augmentation plus tard, d'une population agricole énergique et rude au travail.....

Enfin, conservation et amélioration des bois existants, ainsi que création de 3oo,ooo hectares de nouvelles forêts, accroissant ainsi la richesse nationale, tout en concourant efficacement à l'augmentation des moyens de défense du pays.....

Les 145,000 hectares de jeunes forêts nouvelles qui recouvrent aujourd'hui, dans les Alpes, les Cévennes et les Pyrénées, des versants jadis nus et décharnés, peuvent inspirer toute quiétude pour l'avenir.

Leur végétation vigoureuse démontre combien étaient vaines les allégations de certains publicistes qui niaient, en 186o, la possibilité du reboisement.

Elles sont le témoignage vivant, inscrit en caractères ineffaçables sur les versants des hautes montagnes, des labeurs acharnés et de la sérieuse compétence des reboiseurs français dont le constant dévouement ne s'est pas un instant démenti dans l'accomplissement d'une tâche aussi ingrate et délicate qu'elle était obscure et difficile.

Il nous reste à indiquer, — en suivant le même ordre, — les différentes essences généralement adoptées dans les trois régions montagneuses des Alpes, des Pyrénées, des Cévennes et du Plateau Central.

3° *Alpes.*

a. Dans les Alpes-Maritimes, — d'après M. Hallauer, inspecteur des forêts, chef du service des reboisements à Nice, à qui nous empruntons ces renseignements, — les essences principales utilisées avec succès dans les périmètres achetés par l'État, aux altitudes de 4oo et de 9oo mètres, — sur les marnes calloviennes et les crétacés inférieurs plus ou moins siliceux — sont, parmi les feuillus : le chêne vert, le châtaignier et quelques chênes rouvres aux expositions fraîches; parmi les résineux : le pin d'Alep, le pin noir d'Autriche, le pin maritime. (Les pins d'Alep et maritime sont plantés à un an, le pin noir à deux ans).

L'essence arbustive par excellence, employée exclusivement jusqu'à l'altitude de 6oo mètres, dans les terrains marneux surtout, est la corroyère, qui rend de réels services par sa puissance drageonnante et qui semble jusqu'à présent mieux réussir par voie de semis que par plantations.

A de plus grandes altitudes, on utilisera les hyppophaés qui réussissent à merveille, et les essences principales seront alors le pin à crochets, le châtaignier, le pin sylvestre d'Auvergne et le mélèze. (Le pin sylvestre est planté à un an.)

b. Dans le surplus du massif des Alpes, d'après M. Kuss, chef du service des reboisements à Annecy, à l'obligeance duquel nous devons tous nos renseignements, on n'emploie *en forêt* aucune essence principale feuillue, et les essences principales résineuses les plus communément utilisées sont le pin sylvestre et surtout l'épicéa.

Le pin noir d'Autriche, le pin à crochets, le mélèze et le pin cembro sont rarement employés; l'épicéa est de beaucoup l'essence la plus estimée pour les repeuplements *en forêt*, non seulement à cause de la qualité de son bois, mais encore à cause de la vigueur de sa végétation et de sa réussite dans presque tous les sols. D'ailleurs, la nature nous montre cette essence, en quantité variable sans doute, à l'état spontané dans la plupart des massifs des Alpes. On l'emploie depuis l'âge de trois ans jusqu'à cinq ou six ans, après repiquage en pépinière autant que possible.

Quant au pin sylvestre, on le relègue dans les sols pauvres, découverts, et par suite brûlés par le soleil, dans les régions basses des montagnes, aux expositions du Sud et de l'Ouest. Il y a toujours beaucoup souffert de la neige et du vent, mais ces accidents paraissent devoir être attribués à la variété introduite sous forme de semis (pin de Haguenau), plus encore qu'au peu de résistance de peuplements à tiges trop serrées, trop élancées, trop minces et trop peu enracinées, par suite de l'emploi d'une quantité de graines exagérée à l'unité de surface. Aujourd'hui, on récolte les graines sur place et, si les porte-graines font défaut, on a recours au pin sylvestre d'Auvergne, véritable race de montagne.

— Les arbustes, arbrisseaux, sous-arbrisseaux, pouvant servir à *maintenir les terres sur les pentes abruptes*, sont :

1° Les saules, parmi lesquels il faut citer en première ligne le saule daphné, qui peut s'employer dans tous les endroits humides et spécialement dans les *terres grises* (mais seulement dans les bas-fonds); le saule drapé (*salix incana*) et le saule pourpre, qui paraissent supporter mieux que le précédent la végétation dans les *terres noires* et peuvent même végéter dans des sols dont l'humidité est intermittente. On emploie aussi quelquefois, mais exceptionnellement, le saule blanc (*salix alba*), le saule marseau et le saule cendré;

2° L'aune blanc, qui est surtout employé dans les berges humides des torrents et sur les atterrissements formés par les barrages. Cette essence est difficile à obtenir en pépinière; aussi s'adresse-t-on presque toujours au commerce pour se procurer les plants nécessaires, plants qui sont arrachés par les marchands dans les alluvions des rivières torrentielles, où ils foisonnent en certains endroits, et qui sont vendus 8 à 10 francs le mille. Ces plants reprennent très bien.

L'aune blanc et les saules se propagent très vite par marcottage dans les terrains qui leur conviennent. Il suffit de coucher les branches et de les recouvrir d'un peu de terre, en laissant sortir leurs extrémités, pour obtenir, en peu de temps et sans autres soins, des plants parfaitement enracinés.

Telles sont les essences buissonnantes presque uniquement employées dans les *terres un peu humides*.

Pour les *terrains secs*, en pentes abruptes, la question du maintien des terres est autrement difficile; et l'on peut dire, d'une manière générale, qu'il est impossible d'arriver immédiatement à la solution du problème. On peut y arriver progressivement en traitant d'abord les bas-fonds, en les recouvrant d'une végétation intense et en profitant de l'abri de cette végétation et des matériaux qu'elle retient, pour gagner chaque année quelques mètres, souvent moins, sur la pente aride.

On se sert dans ce but, indépendamment des essences déjà mentionnées :

1° Du cytise des Alpes, qui se reconnaît à ses feuilles vertes sur les deux faces et qui résiste beaucoup mieux aux variations atmosphériques que le cytise faux-ébénier;

2° Du prunier de Briançon, essence précieuse pour les terrains légers et secs. Les noyaux sont achetés aux habitants des régions de la haute vallée de l'Ubaye ou de la vallée de Gueyras et du Briançonnais, et sont semés en pépinière. Ils ne germent qu'au bout de la deuxième année; aussi, pour les préserver de l'atteinte des rongeurs qui pullulent toujours dans les pépinières, est-il bon de les tremper dans un bain de minium. Si le remède n'est pas absolu, il a cependant des effets incontestables.

D'ailleurs, le prunier de Briançon s'emploie aussi avec avantage dans les *terres grises;*

3° de l'épine-vinette, surtout dans les pentes les plus sèches, où elle parvient souvent à se maintenir;

4° de l'églantier, qui résiste à la sécheresse;

5° du prunier épineux, qui vient aussi dans les *terres grises;*

6° de l'amélanchier, qui se propage facilement dans les terrains rocailleux, mais qu'on n'utilise qu'exceptionnellement.

Toutefois il y a lieu de faire observer que si l'on excepte les saules et l'aune blanc, — toujours employés — on préfère, dans la plupart des cas, à toutes les *essences buissonnantes* que nous venons d'énumérer, des essences d'une valeur supérieure, susceptibles de donner des produits matériels utiles dans un avenir plus ou moins éloigné. On les entretient *à l'état buissonnant*, aussi longtemps qu'il est nécessaire, par des recépages intelligemment pratiqués. C'est ainsi que l'on plante beaucoup de frênes, d'érables sycomores, d'érables planes, de cerisiers à grappes, de cerisiers merisiers, d'alisiers, d'ormes champêtres et d'ormes de montagne, de peupliers noirs et de diverses variétés importées, de robiniers (faux acacias), de sorbiers des oiseleurs et quelques tilleuls.

— Quant aux *terrains dénudés* qui ne forment pas des pentes abruptes, on les rencontre soit dans les vallées, où ils sont constitués par les déjections des torrents, soit dans la montagne proprement dite.

Mais, en montagne, ils ne sont presque jamais strictement dénudés dans l'entière acception du mot. On y trouve, d'une façon générale, des restes de végétation clair-semée, il est vrai, suffisante néanmoins pour qu'il ne soit jamais nécessaire de recourir à des essences transitoires pour obtenir leur reboisement. Les déjections des torrents forment, dans les vallées, de vastes étendues qui conviennent admirablement bien à la végétation du peuplier noir, des saules drapé et rouge, de l'épine-vinette, des ronces de toutes natures et souvent de l'aune blanc.

— Enfin, les plants de pépinières destinés aux travaux de *reboisement*, les semis effectués en vue desdits reboisements et les boutures utilisées dans le même but, nous sont indiqués par M. Kuss de la manière suivante :

En matière de pépinière, nous en concevons de deux natures différentes : les unes, dites *pépinières centrales*, destinées à desservir des besoins permanents ou de longue durée, sont installées dans le fond des vallées, sur des terres de bonne qualité, à proximité de la résidence des agents forestiers qui en ont la direction. Elles sont surtout consacrées à l'éducation des plants feuillus utilisés sur les atterrissements des barrages et au pied des berges des torrents, dans les régions inférieures de leur cours. On y produit à la fois de jeunes plants de 2 à 3 ans, que l'on utilise immédiatement, et de jeunes arbres-tiges de 5 à 7 ans; enfin, on y cultive des peupliers variés dont on fait ultérieurement des boutures. Les essences que l'on y rencontre le plus fréquemment sont : les frênes, les érables, les alisiers, les acacias, les sorbiers des oiseleurs, les ormes et les cerisiers. Tous ces plants sont obtenus par voie de semis et utilisés à l'âge de 2 ou 3 ans pour former des cordons ou haies touffues sur les atterrissements des barrages. Dans ces conditions, les plants sont espacés de o m. 10 à o m. 20 les uns des autres. Quant aux arbres de 1 m.50 à 2 mètres de hauteur qu'on utilise souvent sur les atterrissements des grands ouvrages, on les obtient en pépinière en repiquant les frênes, les érables ou les acacias vers l'âge de 2 ans et en les conservant en cet état encore 3 ou 4 ans; puis on les transporte à leur place définitive. Mais, ces transports généralement effectués à dos de mulet étant très coûteux, ce mode opératoire n'est employé qu'à titre exceptionnel.

Les pépinières de la seconde nature sont dites *pépinières volantes* ou mieux *pépinières locales*, car elles ne sont établies que temporairement en vue et à proximité de besoins locaux. Si l'on a, en effet, à reboiser un vaste versant de montagne, ce qui est souvent le cas, on y rencontre de la base au sommet des différences de température considérables, de telle sorte que la neige, qui disparaît de la base dès le mois d'avril, ne fond au sommet qu'en juin ou même en juillet. Il est évident que si toutes les pépinières étaient rassemblées au même point, les plants qu'elles fournissent ne pourraient être utilisés à la fois pour ces climats divers : placées en bas, l'essor de la végétation serait un obstacle insurmontable dès le mois de mai; placées dans les régions hautes, on ne pourrait les aborder qu'en juin, époque où le sol des régions inférieures est déjà trop sec pour faciliter la reprise des jeunes sujets. Et puis, plus on s'élève, plus la végétation est lente, plus les transports sont coûteux, plus le prix de revient s'élèverait aussi. Il faut donc ouvrir des pépinières locales, dans le flanc des versants à reboiser, à diverses altitudes et en des points abrités, facilement irrigables. On choisit naturellement les endroits où le sol paraît le meilleur et où les pentes ne sont pas trop escarpées. On prépare alors des bandes horizontales de 1 m.50 à 2 mètres de largeur et de 10 à 15 mètres de longueur, suivant la forme du terrain dont on dispose, et étagées en quantité suffisante les unes au-dessus des autres. Il est préférable de faire ce premier travail en *automne* et de mélanger au sol environ un demi-mètre cube de fumier par are. Au *printemps*, aussitôt après la fonte des neiges, on procède au semis.

Les essences d'un usage courant sont, pour les régions inférieures : le pin sylvestre, que l'on sème à raison de 3 à 4 kilogrammes par are jusqu'à 1.200 à 1.400 mètres, et le pin noir d'Autriche (3 à

4 kilogrammes); pour les régions moyennes et supérieures : le pin à crochets (7 à 8 kilogrammes), le mélèze (10 à 12 kilogrammes), l'épicéa (3 à 4 kilogrammes) et le pin cembro (20 kilogrammes).

Dans ces pépinières, les pins lèvent généralement très bien, l'épicéa également, mais le mélèze est d'une réussite difficile; il faut avoir soin de n'en mettre que dans les pépinières exposées au Nord ou à l'Est, dans les sols légers, et de n'enterrer la graine que d'un demi-centimètre environ.

Suivant l'altitude et la qualité du sol, on peut employer ces plants à partir de l'âge de 2 ans. En moyenne, il faut cependant 3 ans pour qu'ils soient suffisamment vigoureux. Il est toujours utile de repiquer les épicéas avant de les utiliser. Les pins cembros, qui ne viennent qu'à une grande altitude, demandent quelquefois 5 ou 6 ans pour atteindre leur développement. L'entretien de ces pépinières n'est pas considérable. Cependant, il faut y procéder à un ou deux sarclages par an et, pendant les grandes sécheresses de l'été, faire arroser de temps à autre les jeunes plants. Il est également indispensable d'arroser les semis quand le printemps est sec. Il est toujours bon, d'ailleurs, de recouvrir les planches de semis d'une couche mince de paille qui les protège un peu contre l'ardeur trop vive du soleil du Midi, conserve la fraîcheur et empêche la formation à la surface du sol d'une croûte dure que les jeunes germes ne peuvent percer. On prend pour cela.... Il est essentiel d'enlever cette paille dès que les graines sortent de terre, sans quoi les plants pousseraient comme dans une cave et ne supporteraient pas le premier rayon de soleil. On remplace aussi la paille par des branches de pin munies de leurs aiguilles.

Enfin, il est indispensable qu'un homme se tienne en permanence dans la pépinière pour en chasser les oiseaux qui, sans cette précaution, dévoreraient toutes les graines.

— Les *semis* en plein, sur les terrains à reboiser, ont été fort délaissés depuis quelques années. Les causes de cet abandon sont multiples, mais la principale est la lenteur avec laquelle apparaissent les résultats et par suite l'incertitude, durant souvent 5 à 6 ans, sur le résultat final. Néanmoins, il est des cas où il est avantageux de recourir à ce procédé et, notamment, dans les sols très rocailleux où la terre n'apparaît pas à la surface. On y répand les graines de mélèze ou de pin à la volée.

Dans les sols où se rencontrent des touffes de gazon, on procède à des semis par potets. Au moyen d'un piochon, on ouvre une fente dans les gazons de manière à atteindre la terre et l'on y met une petite pincée de cinq à six graines, puis on referme les gazons (repiquement). Les jeunes plants sont ainsi protégés à leur naissance contre l'ardeur du soleil et, plus tard, contre le déchaussement par l'effet du gel et du dégel. Enfin, on est assuré d'avoir placé les graines dans de la terre végétale, puisqu'elle nourrit la touffe de gazon. Ce sont surtout les mélèzes et les pins cembros que l'on sème ainsi, l'une et l'autre essence ayant du mal à être obtenues en pépinière. Mais une précaution essentielle est de ne semer les mélèzes que dans des versants exposés au Nord ou à l'Est, car on n'a jamais obtenu de bons résultats sur les versants exposés au Sud ou à l'Ouest.

— *Boutures.* — On ne plante dans nos travaux que des boutures de saules et quelques-unes de peupliers. Les branches destinées à faire des boutures sont choisies dans les dimensions de 0 m. 01 à 0 m. 03 de diamètre et coupées à 0 m. 40 de longueur par un vigoureux coup de serpe qui les tranche net; puis les morceaux (les boutures) sont réunis en paquets et transportés au lieu d'emploi. Il va de soi que toutes ces opérations se font avant le mouvement de la sève. Pour les planter, on se sert d'un piquet en fer..... dans les terres meubles et sans grosses pierres....., c'est-à-dire rarement dans nos travaux, où l'on emploie plus souvent la pioche pour faire les trous. Enfin, il arrive fréquemment que les boutures sont fortement soulevées par le gel et le dégel, dont l'action peut même être assez puissante pour les faire complètement sortir de terre. Un moyen qui nous a très bien réussi pour parer à cet inconvénient consiste à faire de simples tranchées de 0 m. 10 à 0 m. 15 de profondeur et à y placer la bouture couchée dans une position presque horizontale, son extrémité seule hors de terre; dans ces conditions, l'action du soulèvement se trouve presque annihilée.....

4° *Pyrénées.*

M. Loze, chef du service des reboisements à Tarbes, a bien voulu nous fournir, en ce qui concerne les Pyrénées, les indications qui suivent :

1° Arbres feuillus employés aux *repeuplements proprement dits :*
  a. Région pyrénéenne. — Hêtre (plantations et marcottages);
  b. Région sous-pyrénéenne. — Chêne pédonculé, robinier faux acacia.

2° Arbres résineux employés aux *repeuplements proprement dits :*
  a. Pin noir d'Autriche, pin laricio, pin à crochets, sapin (rare), épicéa (rare), mélèze (rare);
  b. Pin sylvestre, pin noir d'Autriche.

3° Arbustes, arbrisseaux et sous-arbrisseaux pouvant servir à maintenir les terres sur les *pentes dénudées :*
  a. Diverses variétés de saules osiers, saule daphné (essai), saule marseau, prunier de Briançon (essai), églantier, framboisier[1] :
  b. Saules divers, ajonc épineux, genêts.

4° Plants de pépinière destinés aux *reboisements :*
Feuillus. — Alisier, aune, bouleau blanc, érables plane et sycomore, hêtre, orme de montagne, frêne, robinier faux acacia, sorbier des oiseleurs;
Résineux. — Pin noir d'Autriche, pin à crochets, mélèze.

5° *Cévennes et Plateau Central.*

Les essences à employer *dans les repeuplements ou dans les regarnis* sont généralement : le hêtre (nous le plaçons au premier rang), le pin sylvestre, le sapin et l'épicéa; *dans les reboisements ou repeuplements hors forêt* et suivant les situations : le bouleau. — trop souvent exclu — car c'est l'essence qu'il faudrait le plus répandre dans les terrains nus (le verruqueux et le blanc poussent également bien dans la région); il est éminemment rustique; ses détritus sont abondants; il sert à la menuiserie, au charronnage, à la tournerie; on en fait des sabots et ses rameaux donnent d'excellents balais: enfin il fructifie de bonne heure et fournit des semences à profusion presque tous les ans; c'est dire qu'il peut, étant donnée la légèreté de sa graine, ensemencer, même à de grandes distances, les vides et les clairières des forêts.

Viennent ensuite : l'aune, l'orme et le frêne, qui réussissent admirablement bien au bord des eaux ou dans les vallées, le robinier faux acacia, l'érable sycomore, le pin sylvestre, le pin laricio de Corse ou de Calabre, le pin noir d'Autriche, l'épicéa, — le pin à crochets, mais seulement aux altitudes les plus élevées. En tout cas, il importe de

[1] Nous nous demandons pourquoi on n'emploie pas à cet usage, dans les Alpes et dans les Pyrénées, le cotonéaster qui présente deux espèces : le cotonéaster commun et le cotonéaster cotonneux. Ces petits arbrisseaux rampants se marcottent d'eux-mêmes, croissent naturellement dans les pierrailles et de préférence aux expositions chaudes. Ce sont là des qualités bien précieuses que l'on pourrait sans doute mettre à profit, car nous croyons pouvoir affirmer qu'au bout de dix ans, 200 pieds de cotonéaster couvriraient 1 hectare.

ne semer que des graines récoltées sur des pins à crochets de forme pyramidale et non sur des individus buissonnants et rabougris. Quant au mélèze, qu'on a introduit çà et là dans les mêmes situations (altitudes les plus élevées), il pousse très vite dans les premières années, mais comme il n'y est pas dans sa station naturelle, il présente de bonne heure des signes de dépérissement. Il lui faut non seulement la haute montagne sans trop d'humidité atmosphérique, mais beaucoup de lumière et une somme de température assez élevée : conditions qu'il ne trouve pas réunies dans le Plateau Central et même dans les Cévennes.

Enfin, il serait à désirer que les forestiers profitassent toujours de leurs travaux de reboisements ou de regarnis pour introduire des essences secondaires et particulièrement des fruitiers : alisiers, sorbiers, cerisiers, poiriers, pommiers, — voire même quelques arbustes : sureaux, amélanchiers, viornes, etc. Ce serait le moyen d'attirer en forêt les oiseaux, qui ne mangent pas que des fruits, mais encore des insectes sous toutes les formes.

Remarque. — Le pin sylvestre, le plus souvent propagé dans les dernières années, a été, comme dans les Alpes, le pin sylvestre de Haguenau, alors que sur bien des points du Massif Central on trouvait une véritable race, le pin sylvestre d'Auvergne, bien autrement rustique. C'est à cette race seule qu'on a recours aujourd'hui, le pin sylvestre de Haguenau ne pouvant résister ni à la neige, ni au givre dans la région.

6° *Algérie.*

Tous les renseignements techniques relatifs aux repeuplements de cette région nous sont donnés par MM. Mathieu, conservateur des forêts à Oran, Emard, inspecteur des forêts à Mascara, Zurlinden, ancien inspecteur des forêts à Constantine, Hickel, garde-général des forêts à Miliana.

Arbres d'essences feuillues employés au repeuplement des forêts.

Chêne-liège. — Essence à employer de préférence à toute autre, dans les terrains siliceux et légers, sous forme de semis, en bandes alternes, de 0 m. 45 de largeur sur 0 m. 40 de profondeur, ou après un labour croisé assez profond.

Chêne vert. — A employer dans les terrains argilo-calcaires, de la même manière que le précédent. Cette essence végète longtemps avant de se développer.

Chêne zeen. — A employer de la même manière et dans les mêmes terrains que le chêne-liège.

Acacia. — Cette essence réussit assez bien, mais pour cela il faut replanter les sujets à deux ou trois ans.

Les acacias d'Australie, principalement le *lophanta*, le *cyanophylla* et le *leiophylla*, soit à l'état de semis dans un terrain bien défoncé, soit replantés au bout d'un an, se développent avec une grande rapidité, mais à la condition expresse de ne pas être exposés aux gelées. Ces espèces ne peuvent être employées avec chances de succès que dans les endroits bien abrités ou à proximité du littoral.

Oléaster. — L'olivier sauvage est une essence rustique qui peut être employée avec succès jusqu'à la limite des Hauts-Plateaux. Les semis essayés dans l'inspection de Mascara n'ont pas réussi; le meilleur procédé est de faire des boutures en pépinière et de les replanter ensuite.

Amandier. — L'amandier pousse dans les plus mauvais terrains et résiste parfaitement à l'altitude de 800 mètres. C'est une essence de transition dont la réussite est certaine. On procède par voie de semis.

Ailante ou vernis du Japon. — D'une venue rapide, l'ailante croît dans les mauvais terrains et peut être employé comme essence de transition. Mais, comme il a besoin d'un certain coefficient d'humidité atmosphérique, il réussit très mal dans les forêts de la plaine du Tell.

— Dans le Sud, on emploie encore le bétoum (*pistacia Atlantica*), les tamarix et, quand il y a de l'eau, le tremble des colons (*populus alba*).

Arbres d'essences résineuses utilisés dans le même but (repeuplement des forêts).

Pin d'Alep. — Cette essence réussit parfaitement, soit qu'on l'emploie en semis par bandes alternes, soit par voie de repiquement par touffes de sujets élevés en pépinière et âgés de 1 an. C'est l'essence résineuse la plus abondante en Algérie.

Pin maritime. — Réussit bien dans les terrains siliceux et découverts sous forme de semis direct. Toutefois il réussit mal dans les sables des dunes maritimes de l'Algérie, qui s'échauffent trop profondément.

Pin pignon. — Donne de bons résultats dans les terrains profonds, mais doit être élevé d'abord en pépinière.

Cèdre. — Vient bien, mais à partir d'une altitude de 1,200 mètres seulement, soit sous forme de semis direct, soit par transplantation.

Thuya. — Le thuya est une essence très précieuse en ce sens qu'elle réussit dans les terrains les plus pauvres. On peut recourir soit à des semis directs, soit à des transplantations de sujets de 1 à 2 ans.

— Le cyprès et le génévrier oxycèdre peuvent aussi rendre des services. Quant au *pinus Canariensis*, essayé à Mascara, il paraît très bien résister à la sécheresse.

Arbustes, arbrisseaux et sous-arbrisseaux pouvant servir à maintenir les terres sur les pentes abruptes ou à couvrir temporairement les terrains dénudés.

On peut fixer les terres en employant, suivant les cas, le ricin, — que l'on sème et qui se développe rapidement — le vernis du Japon, les acacias, etc.

Si le terrain est meuble et humide (éboulis des berges des torrents), la corroyère à feuilles de myrte est tout indiquée. Le myrte peut être employé aussi avec le *salix pedicellata* et le *viburnum tinu* (viorne-tin ou laurier-tin).

Sur les terrains secs, absolument nus, on doit tout d'abord essayer de couvrir le sol avec le ciste de Montpellier, la globulaire et le sumac thézéra. Puis viendront le pin d'Alep, les pistachiers de l'Atlas et térébinthe ou le lentisque.

Il faut bien dire que les terrains en Algérie, à moins d'être tout à fait ruinés, sont presque toujours couverts de chêne kermès à l'état buissonnant, de lentisque, d'oléaster rabougri, de genêts, de calycotome dans les sables, de dios (*ampelos desmos tenax*), d'alfa, de sennera, des diverses variétés de cistes, de bruyères, etc.

Plants de pépinière destinés aux reboisements.

Pin d'Alep. — A repiquer en touffes à 1 an. Autant que possible élever ces semis dans des pépinières volantes de quelques ares, défoncées à 0 m. 50 et établies sur le terrain même que l'on veut reboiser. Les arrosages sont inutiles.

Pin pignon. — A élever de préférence dans des pots.

Pin des Canaries. — A élever de préférence dans des pots.

Acacias. — Les acacias ordinaires, *triacanthos* ou féviers d'Amérique, les acacias d'Australie, *lophanta, cyanophylla, léiophylla, pycnantha, decurrens, melanoxylon,* s'élèvent en pépinière très facilement. On peut les repiquer avec chances de succès à 1 ou 2 ans et même 3 ans, s'ils ne sont pas trop forts.

Disons, en passant, qu'on s'occupe avec activité de cultiver en grand les espèces d'acacias à phyllades, qui donnent le plus de tanin ou de gomme.

Culture et emplois de l'eucalyptus.

C'est l'*eucalyptus globulus* qu'on a le plus cultivé en Algérie, mais, depuis quelques années, on lui préfère les *eucalyptus rostrata* et *resinifera*. On plante également l'*eucalyptus colossea*, le *populifolia*, le *flooded-gum*, et le *gigantea*.

Les eucalyptus, en général, ne dépassent pas la région du Tell; ils redoutent le froid et ne résistent pas bien au delà de 500 mètres d'altitude. Ils atteignent rapidement de fortes dimensions *à la condition de se trouver dans des sols frais et profonds.* C'est ainsi que dans les plaines à sol profond et fertile (Mitidja, Habra, Cheliff. Arib, etc), ils donnent des arbres splendides, ayant près de 1 mètre de tour à 5 ou 6 ans. Dans ces conditions, l'eucalyptus ne peut être comparé à aucune autre essence.

Son bois a généralement la fibre torse et travaille beaucoup.

L'eucalyptus s'élève en pots; on le repique à l'âge de 1 ou 2 ans (et on le vend généralement à raison de 35 francs le cent). On peut recourir également au semis direct, après un labour profond à la charrue ou à la pioche. La graine, mélangée à deux ou trois fois son poids de terreau sec, est semée en lignes espacées de 2 mètres d'axe en axe et recouverte d'une épaisseur de o m. 10 à o m. 15 de terre.

L'eucalyptus est employé avantageusement en Algérie pour créer de petits massifs autour des nouveaux centres, pour donner de l'ombrage aux fermes et aux maisons d'habitation, pour constituer des rideaux d'abri autour des cultures, pour l'ornementation des gares et des villages, enfin pour l'alignement des rues, places et boulevards dans les villes. Dans toutes ces situations, il purifie l'atmosphère et agit comme fébrifuge par le pouvoir absorbant et asséchant de ses racines, peut-être aussi par l'odeur de camphre, l'odeur balsamique de son feuillage.

Mais, au point de vue forestier proprement dit, il ne paraît présenter aucun avenir, puisqu'il exige des conditions de végétation que ne présentent généralement ni les forêts, ni les terrains à reboiser.

— Nous terminerons par une remarque du plus haut intérêt que nous devons à un botaniste distingué, qui connaît aussi bien l'Algérie que la France, M. Letourneau.

Les végétaux américains s'implantent facilement en Algérie, tandis que les plantes d'Afrique ou d'Asie ont péri généralement après avoir essayé de s'y introduire.

De plus, les arbres de la Nouvelle-Hollande et de la Tasmanie réussissent très bien dans les cultures algériennes et si, en France, la naturalisation se fait surtout au profit des végétaux américains, elle semble, en Algérie, favorable non seulement à ces végétaux, mais encore aux plantes *australiennes* (eucalyptus, acacia, grevillea, casuarina, etc.)

Les eucalyptus prospèrent — dans les situations favorables — et il y en a même qui ont déjà produit des hybrides: les acacias pycnantha, lophanta, etc., se resèment d'eux-mêmes et font des fouillis dans les terrains qui leur conviennent: les grevillea robusta y donnent de charmantes avenues le long des promenades ou des routes; enfin les casuarina, replantés à l'état de sujets de hautes tiges, au mois de mars, réussissent bien et promettent beaucoup.

ESSENCES EXOTIQUES, PLUS OU MOINS NATURALISÉES EN FRANCE, DONT L'EMPLOI DANS LES REPEUPLEMENTS ARTIFICIELS PARAÎT PRÉSENTER CERTAINS AVANTAGES (EN FORÊT OU HORS FORÊT).

Ce serait peut-être ici le cas de traiter cette question fort intéressante de la naturalisation des espèces exotiques, que nous venons d'effleurer à propos de l'Algérie, et de bien préciser le sens de ces deux expressions: acclimatation et naturalisation.

Mais le temps nous manque et nous nous bornerons à dire qu'on peut condamner l'une et admettre la seconde; que, de plus, on peut espérer que les gains faits par la science forestière seront dans l'avenir infiniment plus nombreux qu'ils ne l'ont été dans le passé. Les essences qui pourront être naturalisées ne seront pas toutes des essences forestières au sens absolu du mot, mais leur introduction et leur culture pourront encore rendre de très grands services. Parmi les essences étrangères introduites en France, nous ne connaissons guère que le robinier faux acacia qui ait jusqu'ici une grande importance forestière, mais le noyer, pour être cultivé surtout dans nos champs (*juglans regia*), ou sur les routes (*juglans nigra*) comme dans les Landes [1], n'en a pas moins son utilité comme arbre fruitier ou comme bois d'industrie. Le platane, pour être presque exclusivement un arbre d'alignement, ne nous rend pas moins de très réels services. Le pin noir d'Autriche, parfaitement naturalisé en France depuis 1834, devrait être répandu plus qu'il ne l'est encore, notamment dans les terrains calcaires, malgré l'inconvénient qu'il présente de donner des branches latérales très fortes qui rendent son bois noueux. On pourrait y remédier, jusqu'à une certaine hauteur, en faisant enlever, au printemps, les bourgons latéraux qui accompagnent le bourgeon terminal, car on obtiendrait ainsi des pousses plus longues et, en faisant cette opération tous les deux ans, on supprimerait la moitié des nœuds, tout au moins jusqu'à une certaine hauteur facile à atteindre. Mais un procédé cultural plus pratique consisterait à planter ces pins assez rapprochés, à la condition de les éclaircir insensiblement et fréquemment, car le pin noir, plus peut-être encore que le pin sylvestre, demande à être largement espacé.

Le pin laricio de Corse et particulièrement le pin laricio de Calabre, dont nous avons déjà parlé, mériteraient aussi d'être beaucoup plus répandus qu'ils ne le sont dans les travaux de repeuplement. Le pin laricio de Tauride est dans le même cas. Ces trois pins sont très rustiques : ils ont parfaitement résisté au sud de la Loire à des froids de 28 et 29 degrés en 1879-1880 et leur rectitude est parfaite. Les particuliers pourraient en planter dans leurs taillis de chêne : ils les domineraient rapidement sans les écraser, seraient exploités après trois ou quatre révolutions et donneraient alors des bois de fortes dimensions.

Parmi les essences résineuses exotiques autres que les pins, il en est un certain nombre qui sont parfaitement rustiques et qui semblent avoir de l'avenir. Nous citerons particulièrement l'*abies Douglasii*, dont la végétation est très rapide mais qui exige un sol fertile [2]. On pourrait le cultiver au fond des vallées, sur les premières pentes encore fraîches et riches, et toujours en l'espaçant convenablement. L'espacement peut même, dans une certaine mesure, suppléer à la richesse des sols, en laissant les arbres seuls maîtres du terrain sur une surface plus grande. C'est pourquoi en pleine Sologne on trouve quelques individus ainsi espacés en tous sens dont la végétation est très satisfaisante.

Viendront ensuite l'*abies Nordmanniana*, l'*abies Cilicica*, le *cupressus Lausoniana*,

---

[1] Sans compter qu'il pourrait sans doute remplacer, en bon sol, les ormes qu'on a laissé périr, sans les traiter, dans les jardins publics, sur les routes et les avenues de la région sous-pyrénéenne, où ils n'ont pu résister aux ravages des insectes dans ces dernières années. Là, comme ailleurs, il serait fort utile pour la monture des fusils et comme bois d'ébénisterie.

[2] D'après MM. Transon frères, pépiniéristes à Orléans, cette essence réussirait mieux sur les sols non calcaires.

le *thuya Lobbii*, le *thuya gigantea*, le *thuiopsis borealis*. Nous allions oublier l'*abies lasiocarpa*, qui nous paraît cependant une de nos plus précieuses acquisitions, surtout pour les terrains bas et humides. A ces plantes d'une beauté remarquable et d'une rusticité parfaite, on pourrait en ajouter bien d'autres : l'*abies pinsapo*, le *wellingtonia gigantea*, le *taxodium sempervirens*, etc., mais ils gèlent un peu plus facilement. Le pinsapo est aujourd'hui parfaitement naturalisé : il donne en abondance des graines fertiles. Le wellingtonia aura toujours l'inconvénient d'exiger des sols d'une fertilité exceptionnelle et un espacement considérable. Le taxodium sempervirens gèle souvent l'hiver dans ses parties herbacées, mais il repousse vigoureusement du pied et nous pensons qu'on devrait le cultiver dans l'ouest et le sud-ouest de la France, particulièrement dans les Landes. Le climat maritime lui conviendrait et il y jouerait sans doute un rôle utile tant à cause de la rapidité de sa croissance que des bonnes qualités de son bois. De même pour l'abies pinsapo — qui restera toujours un de nos arbres d'ornement les plus appréciés et que nous considérons comme une essence précieuse pour les sols médiocres et surtout les expositions chaudes —: nous pensons même qu'on devrait l'essayer sur les pentes des Pyrénées exposées au Midi, jusqu'à 1.500 mètres d'altitude.

Enfin, on a jusqu'ici généralement renoncé à faire du pin Weymouth (*pinus strobus*), parfaitement naturalisé en France et si apprécié dans les parcs, des peuplements forestiers proprement dits, à cause de la mauvaise qualité de son bois. Cependant on affirme aujourd'hui qu'il trouve son emploi dans la fabrication des allumettes, où il serait même plus apprécié que toute autre essence pour cet usage, et qu'il ne le cède en rien au sapin et à l'épicéa pour la fabrication de la pâte à papier.

ESSENCES EXOTIQUES UTILISÉES AVEC SUCCÈS, DEPUIS L'EXPOSITION DE 1878, POUR L'ORNEMENTATION DES PARCS ET POUR L'ALIGNEMENT DES VOIES PUBLIQUES, DANS LA RÉGION PARISIENNE.

Il s'agit d'arbres nouveaux, utilisés avec succès pour l'ornementation des parcs et des jardins et avec grand espoir de succès pour l'alignement des routes, avenues, boulevards, etc. Ces arbres nous sont indiqués par MM. Le Paute et Chargueraud.

ARBRES FEUILLUS.

Ulmus parvifolia. — Alignement et ornement.
Cedrela sinensis. — Alignement et ornement.
Tilia euchlora (*dasystila*). — Alignement.
Sophora sinensis. — Alignement et ornement.
Robinia microphylla. — Ornement.
Platanus orientalis. var. *foliis argenteis*. — Ornement.

Acer colchicum rubrum tricolor. — Ornement.
Acer pseudo-platanus, var. *purpurescens*. — Alignement et ornement.
Acer pseudo-platanus, var. *Nizetti purpurescens*. — Ornement.
Acer platanoïdes Reichembachi (ou *purpurea*). — Ornement.

ARBRES RÉSINEUX.

Pinus sylvestris, var. *columnaris compacta*. — Ornement.
Pinus excelsa zebrina. — Ornement.
Pinus Malletii. — Ornement.

Abies excelsa, var. *Remonti*. — Ornement.
Abies commutata glauca. — Ornement.
Cedrus Atlantica pyramidalis. — Ornement.

ARBUSTES ET ARBRISSEAUX.

Negundo fraxini folium var. *foliis aureis*. — Ornement.
Sambucus racemosa var. *plumosa*. — Ornement.

Genista Andreana. — Ornement.
Prunus Pissardi var. *tricolor*. — Ornement.

Pour clore cette longue énumération, nous exprimerons un vœu. Nous voudrions voir encourager les grainiers, les pépiniéristes ou les horticulteurs qui envoient à l'étranger des voyageurs naturalistes pour y récolter les végétaux utiles à notre pays. Il est encore beaucoup de ces végétaux en Amérique qui peuvent nous rendre de signalés services et, pour activer les recherches, nous voudrions que, dans la classe correspondante de la prochaine Exposition universelle, quatre concours fussent ouverts pour récompenser *l'introduction récente et directe* des plantes ligneuses utiles :

1° Aux repeuplements en plaine et en coteau ;

2° Aux reboisements en montagne :

3° A l'ornementation des parcs :

4° A l'alignement des voies publiques.

Notre rapport est terminé : il rend compte de l'exposition des graines et plantes forestières utilisées en forêt et hors forêt, de même qu'il fait connaître les travaux corrélatifs en France et en Algérie.

C'est un travail assez ardu, dont nous ne nous serions pas chargé sans l'obligeante collaboration des collègues ou amis que nous avons cités et surtout sans le précieux concours d'un agent forestier, sympathique et distingué entre tous, M. Gouët, directeur de l'école et du domaine des Barres.

Qu'il veuille bien nous permettre, en rendant publiquement hommage à sa bonté comme à ses lumières, de lui exprimer toute notre reconnaissance et toute notre affection.

TABLE DES MATIÈRES.

Verlag von Wilhelm Engelmann in Leipzig.

Bary, A. de, Die Mycetozoen (Schleimpilze). Ein Beitrag zur Kenntniss der niedersten Organismen. 2. umgearb. Auflage. Mit 6 Kupfertaf. gr. 8. 1864. _M_ 8.—.

Exner, Sigmund, Leitfaden bei der mikroskopischen Untersuchung thierischer Gewebe. Mit 7 Holzschnitten. Zweite verb. Auflage. 8. 1878. _M_ 2.40.

Fol, Herm., Lehrbuch der vergleichenden mikroskopischen Anatomie mit Einschluss der vergleichenden Histologie und Histogenie. 1. Lieferung: Die mikroskopisch-anatomische Technik. Bog. 1—13 mit Fig. 1—84 in Holzschn. gr. 8. 1884. _M_ 5.—.

> Die 2. Lieferung befindet sich in Vorbereitung und erscheint Ende 1892.

Foster, M. u. Fr. M. Balfour, Grundzüge der Entwicklungsgeschichte der Thiere. Autorisirte Ausgabe. Deutsch von N. Kleinenberg. Mit 71 Holzschnitten. 8. 1876. _M_ 6.—.

Graff, Ludw., Monographie der Turbellarien. I. Rhabdocoelida. Bearbeitet und herausgegeben mit Unterstützung der Königl. Akademie der Wissensch. zu Berlin. Mit 12 Holzschn. und einem Atlas von 20 Tafeln. 2 Bde. Fol. 1882. cart. _M_ 100.—.

—— Die Organisation der Turbellaria acoela. Mit einem Anhange: Über den Bau und die Bedeutung der Chlorophyllzellen von Convoluta Roscoffensis von Dr. Gottlieb Haberlandt. Mit 3 Holzschn. u. 10 Taf. 4. 1891. _M_ 30.—.

Frey, Heinr., Grundzüge der Histologie. Zur Einleitung in das Studium derselben. 24 Vorlesungen. 3. verbess. Aufl. Mit 225 Holzschn 8. 1885. geh. _M_ 6.75, geb. _M_ 8.20.

Haeckel, Ernst, Anthropogenie oder Entwickelungsgeschichte des Menschen. Keimes- und Stammes-Geschichte. 4. umgearbeitete und vermehrte Auflage. Zwei Theile. Mit 20 Tafeln, 440 Holzschn. und 52 genetischen Tabellen. gr. 8. 1891. geh. _M_ 16.—, geb. _M_ 19.—.

> Erster Theil: Keimesgeschichte oder Ontogenie.
> Zweiter Theil: Stammesgeschichte oder Phylogenie.

Hofmeister, Wilh., Die Lehre von der Pflanzenzelle. (Handbuch der physiol. Botanik. I. Bd., 1.Abth.) gr. 8. 1867. _M_ 9.—.

Huxley, H. Thomas, Grundzüge der Anatomie der wirbellosen Thiere. Autorisirte Deutsche Ausgabe von Dr. J. W. Spengel. Mit 179 Holzschn. gr. 8. 1878. _M_ 14.—.

Kölliker, Alb., Entwicklungsgeschichte des Menschen und der höheren Thiere. 2. gänzlich umgearbeitete Auflage. Mit 606 Fig. in Holzschn. gr. 8. 1879. geh. 30.—, geb. 33.—.

—— Grundriss der Entwicklungsgeschichte des Menschen und der höheren Thiere. Für Studirende und Aerzte. 2. umgearb. Auflage. Mit 299 Holzschn. und einer Farbentafel. gr. 8. 1884. geh. 10.—, geb. 11.75.

—— Handbuch der Gewebelehre des Menschen. 6. umgearbeitete Auflage. Erster Band: Die allgemeine Gewebelehre und die Systeme der Haut, Knochen und Muskeln. Mit 329 zum Theil farbigen Figuren in Holzschnitt u. Zinkographie. gr. 8. 1889. geh. 9.—, geb. 11.—.

Kühne, W., Untersuchungen über das Protoplasma und die Contractilität. Mit 8 Kupfertafeln und 3 Holzschn. 8. 1864. _M_ 5.—.

Lehmann, O., Molekularphysik mit besonderer Berücksichtigung mikroskopischer Untersuchungen und Anleitung zu solchen, sowie einem Anhang über mikroskopische Analyse. Zwei Bände. Mit 625 Figuren im Text, 6 chromolith. und 4 lithogr. Tafeln. gr. 8. 1888/89. geh. _M_ 42.—, geb. _M_ 46.50.

> I. Band. Mit 375 Figuren im Text und 5 chromolithograph. Tafeln. 1888. geh. _M_ 22.—, geb. _M_ 24.25.
> II. » Mit 249 Figuren im Text, 4 lithogr. und 4 chromolithogr. Taf. 1889. geh. _M_ 20.—, geb. _M_ 22.25.

Mojsisovics, Edler von Mojsvár, Aug., Leitfaden bei zoologisch-zootomischen Präparirübungen für Studirende. 2. vermehrte Auflage. Mit 127 Figuren in Holzschnitt. gr. 8. 1885. geh. _M_ 8.—, geb. _M_ 9.50.

Nägeli, Carl und S. Schwendener, Das Mikroskop. Theorie und Anwendung desselben. 2. verb. Aufl. Mit 302 Holzschn. gr. 8. 1877. geh. _M_ 12.—, geb. _M_ 13.50.

Roux, Wilh., Der Kampf der Theile im Organismus. Ein Beitrag zur Vervollständigung der mechanischen Zweckmässigkeitslehre. gr. 8. 1881. _M_ 4.—.

—— Ueber die Zeit der Bestimmung der Hauptrichtungen des Froschembryo. Eine biologische Untersuchung. Mit 1 Tafel. 8. 1883. _M_ 1.—.

—— Über die Bedeutung der Kerntheilungsfiguren. Eine hypothetische Erörterung. 8. 1883. _M_ —.60.

Schultze, Max Sigism., Ueber den Organismus der Polythalamien (Foraminiferen) nebst Bemerkungen über die Rhizopoden im Allgemeinen. Mit 7 illuminirten Kupfertaf. gr. Fol. 1854. _M_ 24.—.

—— Das Protoplasma der Rhizopoden und der Pflanzenzellen. Ein Beitrag zur Theorie der Zelle. gr. 8. 1863. _M_ 1.60.

Simroth, H., Die Entstehung der Landtiere. Ein biologischer Versuch. Mit 254 Figuren im Text. gr. 8. 1891. _M_ 16.—.

Stein, Friedr., Die Infusionsthiere auf ihre Entwicklungsgeschichte untersucht. Mit 6 Kupfertafeln. gr. 4. 1854. _M_ 24.—.

—— Der Organismus der Infusionsthiere, nach eigenen Forschungen in systematischer Reihenfolge bearbeitet. gr. Fol.

> I. Abtheilung. Allgemeiner Theil und Naturgeschichte der hypotrichen Infusionsthiere. Mit 14 Kupfertafeln. 1859. geh. 48.—.
> II. Abtheilung. 1. Darstellung der neuesten Forschungsergebnisse über Bau, Fortpflanzung und Entwicklung der Infusionsthiere. 2. Naturgeschichte der heterotrichen Infusorien. Mit 16 Kupfertafeln. 1867. geh. _M_ 66.—
> III. Abtheilung. Die Naturgeschichte der Flagellaten oder Geisselinfusorien. 1. Hälfte. Mit 24 Kupfertafeln. 1878.
> 2. Hälfte. Die Naturgeschichte der arthrodelen Flagellaten: Einleitung und Erklärung der Abbildungen. Mit 25 Tafeln. 1883. geh. _M_ 60.—

Verhandlungen der Deutschen Zoologischen Gesellschaft auf der ersten Jahresversammlung zu Leipzig, den 2. bis 4. April 1891. Im Auftrage der Gesellschaft herausgegeben von Prof. Dr. J. W. Spengel, Schriftführer der Gesellschaft. 8. 1891. _M_ 1.60.

Druck von Breitkopf & Härtel in Leipzig.

www.ingramcontent.com/pod-product-compliance
Lightning Source LLC
LaVergne TN
LVHW022342170726
843503LV00008B/3491